머피의
100가지 성공 법칙

Joseph Murphy's nomology of good success

머피의 100가지 성공 법칙

1판 1쇄 인쇄 1997년 06월 10일
1판 1쇄 발행 1997년 06월 20일
5판 1쇄 발행 2021년 04월 10일

지 은 이 조셉 머피
옮 긴 이 미래경제연구회 · 이선종
편집주간 장상태
편집기획 김원석
디 자 인 정은영

발 행 인 김영길
펴 낸 곳 도서출판 선영사
주   소 서울시 마포구 서교동 485-14 영진빌딩 1층
Tel 02-338-8231~2   Fax 02-338-8233
E-mail sunyoungsa@hanmail.net

등   록 1983년 6월 29일 (제02-01-51호)

ISBN 978-89-7558-386-5   13300

머피의
100가지 성공 법칙

Joseph Murphy's nomology of good success

조셉 머피 지음 / 미래경제연구회 · 이선종 옮김

내가 머피 박사의 저서를 알게 된 것은 지금으로부터 10여 년 전의 일이다. 어느 날, 출판사에 근무하는 한 친구가 내게 낡은 책 한 권을 주면서 좋은 책이니 한번 읽어 보라는 것이다.

그래서 나는 시내 버스를 타고 집으로 향하면서 책장을 넘겨 보았다. 본문의 작은 제목 가운데 '잠자면서 성공한다'란 글이 눈에 띄었다. 그 순간 나는, '황당한 책도 다 있구나.'라는 생각이 들었다.

그런데 서너 장을 못 넘겨서, 나는 마치 수렁에 빠진 듯이 머피 박사의 이론에 빠져들기 시작했다. 그것은 바로 인생의 고귀한 지침서요, 우주의 위대한 진리였다. 이렇게 〈머피의 100가지 성공 법칙〉이라는 제목으로 머피 박사의 이론을 책으로 엮게 된 것도 그때 받은 감명이 너무나 컸기 때문이다.

머피 박사의 '잠재의식 이론'은 한 마디로 말해, 잠재의식을 어떻게 활용하느냐에 따라 인생에서 성공할 수도 실패할 수도 있음을 말해 주고 있다. 즉, 잠재의식에 긍정적이고 밝은 것을 심어주면 우리가 인생에서 성공할 수 있고, 반대로 부정적이고 어두운 것을 심어주면 실패에 이르게 된다는 것이다.

따라서 어떤 일을 하기 전에 자기가 갖고 있는 마음 자세를 점검해 볼 필요가 있다. 그래서 만일 자기가 소망하는 것에 대해 조금이라도 부정적이고 어두운 모습이 섞여 있다면, 곧바로 이를 긍정적이고 밝은 쪽으로 마음을 고쳐 먹어야 한다.

잠재의식에 대한 머피 박사의 이론을 요약하면 다음과 같다.

"자신의 생각은 곧 잠재의식에 심어지고, 그 잠재의식에 심어진 형상은 신기하게도 곧 현실로 나타나게 된다. 잠재의식은 식물의 씨앗과도 같다. '심은 대로 거두리라.'는 성경 말씀이 있듯이, 우리의 '의식하는 마음'이 잠재의식에 어떠한 모습을 심어 주느냐에 따라 밖으로 나타나는 형상도 달라진다. 따라서 잠재의식에 심어진 내용은 인생의 성공과 실패를 좌우하리만큼 중요하다. 일단 잠재의식에 심어진 모습은, 그것이 좋은 것이든 좋지 않은 것이든, 반드시 현실로 나타나게 되기 때문이다."

따라서 당신의 원망願望을 잠재의식에 제대로 불어넣을 수만 있다면, 당신은 반드시 기대 이상의 수확을 얻을 수 있다.

성공한 사람들을 살펴보면 하나같이 이 잠재의식의 법칙을 몸소 실천했던 사람들이다. 그러므로 만일 당신이 지금 충분히 행복하지 않고, 충분히 부유하지 않으며, 충분히 성공하지 못했다면, 그것은 당신이 잠재의식을 충분히 이용하지 못했기 때문이다.

머피 박사의 성공 법칙을 이론적으로 더욱 자세히 알면 알수록 효험이 실제적으로 빠르고 확실하게 나타난다.

이 책에는 당신이 가고자 하는 성공의 길, 부자가 되는 길, 인생을 한껏 즐길 수 있는 기술이 수록되어 있다. 이미 세계적으로 널리 알려진 머피 박사의 잠재의식 이론을 통해 당신의 인생이 크게 변화될 것을 믿으며 진심으로 이 책을 권한다.

이 책에 수록된 내용, 즉 '머피 박사의 100가지 성공 법칙'은 머피 박사의 잠재의식 이론에 대한 일본의 오사마 준이치가 엮어 펴낸 것을 우리말로 번역하여 다시 엮었지만, 본문 중간중간과 부록편에 독자들에게 좀더 빠른 이해와 감동을 주기 위해 머피 박사의 저서 원문들 중에서 익스트랙트만을 가려 뽑아 그대로 번역한 뒤 덧붙여 수록한 것임을 밝혀둔다.

마지막으로, 이 책의 출판을 흔쾌히 허락해 주신 '선영사'의 김영길 사장님께 감사를 드린다.

'행복과 풍요한 생활은 인생이 누려야 할 권리이다.'

1993년 새봄에
엮은이

Contents

001

항시 인생의 밝은 면을 보라

Joseph Murphy's nomology of good success

좋은 일을 생각하면 좋은 일이 일어나고, 나쁜 일을
생각하면 나쁜 일이 일어난다. 성공자의 마음속에는 항시
밝은 면을 보려는 희망적인 요소가 깃들여 있다

" '나'라는 존재는 도대체 누구일까?"

누구나 한 번쯤은 자신에게 이런 질문을 던져본 적이 있을 것이다.

'나는 ○○○의 장남이다. 나는 ○○회사에 근무하는 사원이다. 나는 ○○대학의 학생이다.' 등등, 그 질문에 대한 대답은 갖가지일 것이다.

그러나 가장 근본적으로 생각을 좁혀 보면, 자기란 '스스로가 지금 생각하고 있는 것, 느끼고 있는 것, 그 자체'라고 말할 수 있다.

행복하여 어쩔 줄 모르는 때의 자기, 그것이 바로 당신이다.

또 불행하여 미칠 지경일 때의 자기, 그것이 바로 당신인 것이다.

다시 말해, 뭔가 좋은 것을 생각하거나 나쁜 일을 생각하고 있는 그 순간이 당신이다.

따라서 꼭 당신의 어느 한 부분만을 놓고 이것이 '당신'이라고 단정할 수는 없다.

당신은 항상 선택에 쫓기고 있다.

당신은 행복한 사람인가, 아니면 불행한 사람인가?

그 해답은 당신 스스로에게 달려 있다. 그것은 당신의 선택 여하에 달려 있기 때문이다. 항시 좋은 것을 생각하며 행복을 느낀다면 행복한 사람일 것이고, 나쁜 일을 생각하며 불행을 느낀다면 불행한 사람일 것이다.

이처럼 당신의 모습은 당신의 생각 여하에 따라 크게 달라질 수 있다.

그러므로 당신은 스스로가 당신 자신의 모습을 선택할 수 있다.

우리 인간들에게는 세상의 어떤 문제도 이겨낼 수 있는 저수지와도 같은 무한한 힘이 축적되어 있다.

자신에게는 어떤 어려움도 능히 이겨낼 수 있는 힘이 있으며, 따라서 어떤 꿈이라도 이룰 수 있다는 확신을 가지게 되는 날, 참된 그리고 항구적인 행복이 당신을 찾아오게 된다.

당신이 대학을 졸업하고, 결혼하고, 자식이 태어나고, 커다란 승리나 상을 받게 되었을 때, 당신은 무한한 행복감을 느끼게 될 것이다. 귀엽고 단정하고 사랑스러운 소녀, 또는 멋진 남성과 결혼하게 되었을 때도 마찬가지로 당신은 무한한 행복감을 느끼게 될 것이다. 그리고 이외에도 당신은 자신을 행복하게 해 준 무수한 경험들을 들 수 있을 것이다.

머피의 법칙은 '보다 나은 당신, 보다 행복한 당신'을 선택하는 원리와 방법을 명백히 제시해 주고 있다.

마음속으로 좋은 것을 생각하면서 그 일을 기대하면 일종의 자장磁場이 작용하게 되어 그 잠재의식이 기회를 잡을 수 있도록 인도해준다.

록펠러와 같은 크나큰 성공자成功者를 비롯하여, 우리 주위에서 흔히 볼 수 있는 몇몇 성공한 사람들에 이르기까지, 그들의 마음속에는 항시 인생의 밝은 면을 보려는 희망적인 요소가 깃들여 있다.

잠재의식은 받아들인 대로 실현된다

Joseph Murphy's nomology of good success

잠재의식은 마음속에 받아들인 모든 것을 실현시켜 주는
성질을 갖고 있다. 잠재의식에는 농담이나 거짓이 통하지 않는다.

잠재의식에는 어떠한 일을 실현시켜야 할지 어떨지에 대해 판단한다거나
선택하는 능력은 전혀 없다.

당신의 마음속에 있는 현재 의식現在意識은 모두 실현된다.

즉, 당신의 마음속에 '이루고야 말겠다.'라고 생각한 것은 모두 실현된다.

따라서 당신이, '난 그렇게 하고 싶지만 나한테는 그렇게 할 만한 여유가
없다.'라고 생각한다면, 잠재의식은 그것을 진실로 받아들여 당신이 모처
럼 품었던 희망까지도 실현되지 못하도록 해 버린다.

너무나 오랫동안 가난하여 실의에 차 있던 사람들에게 무엇인가 좋은 일
이 일어나면, '과연 이렇게 행복해해도 좋은 것일까?'하는 의구심을 느끼게
된다. 가난과 실의에 젖어 버렸기 때문에 그들은 행복이라는 상태에 다분
히 생소한 느낌을 가지게 되는 것이다. 따라서 그들은, '뭔가 불안하다. 차
라리 옛날과 같은 생활로 되돌아가고 싶다.'는 생각을 가지게 된다.

류머티즘으로 괴로워하고 있는 영국에 사는 한 노부인이 있었다.

그 노부인은 수시로 자기의 무릎을 두드리면서 이렇게 말하곤 했다.

"나는 류마티즘이 악화되어 밖에 나갈 수 없습니다. 이 병은 늘 나를 불안하게 만들거든요."

이 노부인은 류머티즘으로 인해 아들과 딸, 또는 이웃 사람들의 도움을 받고 있었기 때문에 어느 새 타성에 젖어 자기의 류머티즘에 대해 감사할 정도였다.

그녀는 스스로 자기의 불행한 상황을 오히려 즐기고 있었던 것이다. 그러니까 이 부인은 자신이 행복해지기를 바라지 않고 있었던 것이나 다름없다.

나는 그녀에게 몇 가지 성경 말씀을 읽어 주고 나서 그에 대한 치료법은 가르쳐 주었다.

"만일 부인께서 이상과 같은 진리에 주의를 기울인다면, 틀림없이 다른 사람이 될 수 있으며, 건강을 되찾아 자신의 일에 신념과 자신감을 가지게 될 것입니다."

그러나 그녀는 나의 말에 전혀 흥미를 보이지 않았다.

이처럼 많은 사람들이 비참하고 슬픈 일들을 즐기고 있는 것이 사실인데, 이는 정신적인 면에 있어서 일종의 병적인 경향이라 할 수 있다.

이에 반하여, '나는 그걸 꼭 사고야 말겠다. 정말이지 그걸 사고 싶어.' 라고 생각한다면, 잠재의식은 그것을 받아들여 늦든 빠르든 간에 당신의 소망을 실현시켜 주게 된다.

따라서 '소용없다'라든가, 그 외에 당신에게 마이너스가 되는 말이나 생각은 절대로 해서는 안 된다.

'나는 실패할 거다.'

'잘 안 될 거야.'

'난 틀렸어.'

당신이 성공하고 싶다면, 이런 말이나 생각은 절대 금물이다.

항상 적극적인 말을 당신의 잠재의식에 심어 주고, 계속해서 그렇게 말해야 성공할 수 있다.

당신의 말이 일단 잠재의식 속에 심어지면 잠재의식은 기필코 그 일을 실현하고야 만다. 적극적인 말을 되풀이하는 동안, 당신 자신은 조금씩 변해 가게 된다. 그리고 당신의 모습은 자신도 모르는 사이에 지금까지보다도 훨씬 더 적극적이며 매력적인 인간으로 변해 있고, 한층 더 행복해져 있음을 느끼게 될 것이다. 따라서 당신은 당신 자신에 대해 정직하지 않으면 안 된다.

친구가 무엇인가를 이루어 행복해하고 있다는 말을 들었을 때, '그 친구는 형편없는 일을 했군.' 하고 콧방귀를 뀐 적은 없는가?

그렇다면 이렇게 말한 당신의 마음 속 깊이 잠재되어 있는 의도는 대체 무엇일까?

그 친구의 행복을 부러워한 나머지 마음속으로 '그 친구에게 행운이 없었더라면 좋았을걸.' 하며 시기하고 있는 것은 아닐까?

잠재의식은 진실한 마음에 대해서만 좋은 반응을 일으킨다. 그러므로 '행운이 없었더라면 좋았을걸.' 하는 당신의 마음가짐을 받아들여 당신에게 행운이 오지 않도록 작용하게 된다. 따라서 마음속에 참되고 깨끗한 생각들로 충만해 있을 때 당신은 비로소 성공할 수 있다.

당신이 진실로 행운이나 부富, 건강 등을 소망하면서 특히 그것을 부정하는 마음이 없을 때 그 소망은 반드시 실현된다.

003

잠재의식은 성공을 여는 열쇠이다

Joseph Murphy's nomology of good success

잠재의식은 만능 기계와도 같다. 그러나 그것은 마음대로
움직여지지 않는다. 그것을 움직일 수 있는 것은
오직 당신의 현재 의식뿐이다

잠재의식은 만능 기계와도 같아서 뭐든지 해낼 수 있으나 그것을 운전하는 사람이 필요하다.

여기서 '운전하는 사람'이란 당신의 의식하는 마음, 즉 현재 의식이다. '당신이 당신의 운명을 좌우할 수 있다.'는 말은 바로 그러한 까닭이다.

그럼 어떻게 만능의 잠재의식을 자유롭게 운전할 수 있을까?

잠재의식에 바람직한 인상과 암시만이 심어질 수 있도록 당신이 의식적으로 제어하면 된다. 뭔가 좋은 일이 생길 것 같다는 인생만을 당신이 선택해서 잠재의식에게 인도하는 것이다.

아무리 몸이 약하거나 머리가 나쁘고 의지가 약한 사람이라도 이 정도의 선택은 할 수 있을 것이다.

많은 사람들은 다음과 같은 말들을 즐겨 사용하곤 한다.

"오늘은 운이 없는 날이다. 모든 일이 순조롭지 못할 것이다."

"나는 성공할 수가 없다."

"모두들 나를 싫어하고 있다."

"장사는 제대로 되지 않고, 경기는 더 나빠질 것 같다."

"나는 언제나 지각생이다."

"도대체 나는 성공할 수 없는 사람이다."

"그 녀석은 할 수 있지만, 나는 못 해."

이렇게 자신의 불행을 인정하게 되면 실제로 불행을 선택하는 셈이 된다.

만일 당신이 아침 잠자리에서 일어나 이런 생각을 품는다면, 그것은 곧 그와 같은 나쁜 일들을 자신에게 끌어들이는 결과가 되고, 따라서 당신은 지극히 불행해질 수밖에 없다. 당신이 살고 있는 이 세상의 모든 일은 그 대부분이 당신의 마음속에서 일어나고 있는 생각들에 의해 결정된다는 것을 깨달아야 한다.

로마의 위대한 철학자이자 현인인 마르쿠스 아우렐리우스는 이렇게 말하고 있다.

"인생을 어떻게 생각하는가에 따라 그 사람의 일생이 좌우된다."

또한 미국 제일의 철학자인 에머슨은 다음과 같이 말하고 있다.

"인간이란, 그가 하루 종일 생각하고 있는 바로 그것이다."

당신이 습관적으로 지니는 마음 속의 생각은 현실로 나타나게 된다. 따라서 부정적인 생각이나 패배주의적인 생각, 또는 불친절하고 마음을 현혹되게 하는 생각을 절대 피해야 한다. 당신이 마음속에서 생각하지 않는 불행은 있을 수 없다는 사실을 명심하라.

따라서 머피 법칙은 세상 사람들 모두가 사용할 수 있는 법칙이라고 말할 수 있다.

항상 밝은 희망과 기대감이 부풀어 오르는 말을 자기의 잠재의식 속에 심어보라.

그러면 만능의 잠재의식은 당신의 상태를 밝게 하고 당신의 희망과 기대가 현실로 이루어질 수 있도록 저절로 움직이게 될 것이다.

고속으로 달릴 수 있는 자동차의 엑셀러레이터는 그렇지 못한 자동차의 액셀러레이터보다 결코 무겁지 않다. 아니, 그보다 오히려 더욱 가벼울 것이다.

자기를 해롭게 하는 생각을 버리고 적극적인 생각만을 택할 때 '당신의 운명'을 움직일 수 있다.

한 예를 들어 보겠다.

같은 대학의 같은 학부를 졸업한 두 사람이 같은 직장에서 일하고 있었는데, A씨는 건강하고 B씨는 악성의 병을 앓고 있었다. A씨는 국민주택에 살고 있었으며, 그걸로 만족하여 앞으로도 다른 곳으로 이사할 마음이 없었다. 한편, 병을 앓고 있는 B씨는 아파트에 살고 있었는데, 집 안에 화초를 기를 수 있는 정원을 만드는 것이 소원이었다.

그리고 7년이 지났다. A씨는 여전히 국민주택에 살고 있었고, B씨는 최근에 큰 집을 지었다. 객관적으로 볼 때 B씨가 불리한 입장에 있었는데도 말이다.

이처럼 잠재의식은 성공을 여는 열쇠인 것이다.

004

잠재의식은 지시하는 대로 움직인다

Joseph Murphy's nomology of good success

잠재의식을 배라고 비유한다면 당신의 의식하는 마음은
선장이라 할 수 있다. 아무리 40만 톤의 거대한
배라 할지라도 선장이 오른쪽으로 가라고
명령하면 오른쪽으로 간다

잠재의식은 우주 안의 삼라만상에 영향을 미칠 수 있다. 따라서 크다고
해서 이용하기 어려운 것이 아니다. 아무리 큰 40만 톤짜리 배라 할지라도
조그마한 선장의 지시대로 움직인다.

만일 선장이, '이처럼 큰 배는 내가 키를 잡는다 해도 꼼짝도 않을 거야.'
하고 부정적으로 생각한다면 그 배를 움직일 수가 없을 것이다.

사실, 산처럼 큰 배가 자신의 생각대로 움직여 줄 때의 그 절묘한 기분은
배를 움직여 본 사람이 아니고서는 실감하지 못할 것이다. 이때 자기가 잡
은 키가 어떠한 기관에 연결되어 배가 움직이게 되는지에 대해 일일이 알
필요는 없다.

몇 년 전에 있었던 일이다. 크리스마스 이브에 한 여대생이 고급 양품점
앞을 지나다가 창가에 진열되어 있는 멋지고 비싼 여행 가방을 발견했다.
그 여대생은 방학을 맞아 고향으로 가는 길이었다.

'저 가방이 욕심나긴 하지만, 살 만한 여유가 없는데……'

그녀는 하마터면 이렇게 말할 뻔했다. 그러나 바로 그 순간, 그녀의 머릿속에 '부정적인 건 최후의 순간까지 말하지 말자. 모든 생각을 긍정으로 바꿔야 한다. 그러면 잠재의식이라는 커다란 기구가 작용하여 기적을 일으킨다.' 는 머피의 이론이 떠올라 생각을 바꿨다.

'저 가방을 내 잠재의식 속에 내 것으로 받아들이자. 그럼 언젠가는 잠재의식이 움직여 저 멋진 가방을 내 것으로 만들어 주겠지.'

그날 밤 11시.

그녀의 약혼자가 선물을 가져왔다.

그런데 이게 어찌된 일인가!

포장을 뜯어 보니 자신이 그날 아침 10시에 쇼윈도에서 보았던 바로 그 멋진 가방이 나오는 게 아닌가!

이런 일을 우연한 일로 치부하는 사람은 잠재의식이 무엇인가를 아직도 모르는 사람이다.

자신에게 불리한
말과 생각은 절대 금하라

Joseph Murphy's nomology of good success

고등어를 먹고 식중독에 걸린 경험이 있는 사람은 그후
고등어를 보기만 해도 신물이 난다. 이처럼 잠재의식 속에
한번 인식이 되면 뭐든지 좀처럼 잊혀지지 않는다.

내가 공부를 가르쳤던 한 어린이가 내게 이렇게 말했다.

"저는 제리를 먹을 수 없어요. 왜 그런지 그것을 입에 대기도 싫어요 다른 사람들은 맛있게 먹는데 말이에요. 그런데 얼마 전에 할머니께서 그 이유를 말씀해 주셨어요. 어렸을 때 저는 아주 제리를 좋아했대요. 그런데 어느 날 제리를 너무 많이 먹어서 심한 설사를 하며 끙끙 앓았대요. 그 뒤부터 제가 제리를 먹지 못했다는 거예요. 그런데 참 이상해요. 저는 그런 일이 하나도 생각나지 않거든요."

그렇다. 이처럼 마음속에서 완전히 잊혀진 일도 잠재의식은 그것을 잘 기억하고 있다.

고등어를 먹고 나서 식중독에 걸린 적이 있다면, 신체를 지배하고 있는 잠재의식은 이를 잊지 않고 잘 기억해 두었다가 고등어가 눈에 띄는 순간 거부 반응을 일으키는 것이다.

당신의 잠재의식은 24시간 동안 쉴새없이 작용한다. 그러면서 일단 한

번 인식된 것은 결코 잊지 않은 채 끊임없이 주위를 맴돌며 당신을 지배하고 변하게 만든다.

따라서 잠재의식에 명령을 내릴 때 즉, 무언가를 판단할 때, 자신에게 불리한 것을 말해서 안 된다.

만일 "나는 커피를 마시면 새벽 3시까지 잠들지 못한다."라고 말했다면, 잠재의식에 대해, "내 몸을 새벽 3시까지 잠들지 못하도록 해라."라고 명령하는 것과 다름이 없으므로, 그러한 사람은 새벽 3시까지 신경이 흥분되어 잠을 못 이루게 된다.

이와 마찬가지로, "나는 돈과 인연이 멀다."라고 말하면 자기 자신을 가난하게 만들어 달라고 잠재의식에 명령하는 것과 같다.

당신이란 존재는 습관에 의해 만들어진 것이다. 습관은 바로 잠재의식의 작용이다. 당신이 수영·자전거·댄스·자동차 운전 등을 배우게 된 것은 이를 몇 번씩이나 의식적으로 되풀이하여 잠재의식 속에 그 노선을 확립함으로써 이루어진 결과이다. 일단 그렇게 노선이 확립되면, 당신의 잠재의식이 지니는 자동적 습관이 그 뒤에 일어나는 일들을 모두 기억해 준다. 이는 제2의 천성天性이라고 불리기도 하는데, 이는 당신의 사고나 행위에 대한 잠재의식의 반응인 것이다.

좋은 습관이나 나쁜 습관을 조성하는 일은 모두가 당신의 장기長技이다. 당신이 오랫동안 마음속으로 부정적인 사고를 되풀이하게 되면, 당신은 습관의 강제를 받게 된다. 잠재의식의 법칙은 바로 '강제' 그것이기 때문이다.

이와 같이 밤낮으로 쉴새없이 계속 작용하는 잠재의식을 자기 자신에게 이롭게 작용하도록, 또한 습관화되도록 유도하는 것이 당신의 '의식하는 마음가짐'인 것이다.

006

내 안의 보물 창고를 활용하라

Joseph Murphy's nomology of good success

우주의 보물 창고는 당신의 마음속에 있다. 따라서 보물을
다른 데서 찾지 말고 당신의 마음속에서 찾아 간직하라. 그러면
마침내 그 보물이 현실로 나타나서 당신의 것이 되고 말 것이다.

보물을 찾기 위해 멀리 아프리카까지 갈 필요는 없다.

왜냐 하면 바로 당신 자신의 마음속에 보물이 있기 때문이다.

당신의 보물정말 갖고 싶다고 생각되는 것은 무엇인가? 다이아몬드로 만든 약
혼 반지인가?

그렇다면 우선 당신이 다이아몬드로 만든 약혼 반지를 끼고 있는 모습
을 마음속에서 찾아야만 한다.

그러한 당신의 모습을 여러 번 마음속으로 그려 보는 동안, 잠재의식의
불가사의한 힘에 의해 그 반지는 당신 앞에 현실로 다가올 것이다.

현재 미국의 경우, 여성들이 결혼 상대를 고른다는 것은 그리 쉬운 일이
아니다. 특히 노인의 경우에는 더더욱 그러하다.

75세의 한 미망인이 이 머피 법칙에 힘입어 결혼한 예를 들어 보도록 하
겠다.

그 노부인은 마음속으로 자신의 모든 감정을 살려 여러 번 되풀이하며

다음과 같이 말했다.

"나는 지금 온화하고 애정이 가득하고 내 마음에 쏙 드는 분과 행복한 결혼식을 올리고 있다!"

그런데 어느 한 순간, 가슴 속이 훈훈해지면서 따뜻한 느낌이 전해졌다.

자신이 말한 바가 현실처럼 마음속에 다가왔다. 그래서 마침내 그녀는, "정말 정성을 다해 결혼했구나!"라는 말이 자신도 모르게 흘러나왔다.

이러한 마음 기도를 반 년 동안 계속하던 어느 날, 그녀는 길모퉁이에서 약방을 경영하는 한 노인을 소개받게 되었다.

그 노인은 그녀가 그 동안 생각했던 것처럼 친절하고 이해심 많고 신앙심이 깊은 사람이었다.

서로가 사귄 지 채 일주일도 안 되었을 때 그녀가 그 동안 마음속으로 간절히 생각해 왔던 바가 현실로 다가왔다. 그녀의 손가락에는 진짜 다이아몬드 반지가 찬란하게 빛을 발하고 있었다.

드디어 그 노부인이 정식으로 프로포즈를 받았던 것이다.

그 노부인은 현실의 다이아몬드 반지를 이미 반 년 전에 자기의 마음속에서 발견하고 고이 간직해 왔던 것이다.

당신이 지금 원하는 것이 있다면, 우선 그것을 당신의 마음속에서 형상을 만들어야 한다. 그런 다음, 그것이 정말 자기 것이 되었다고 실감이 날 때까지 계속해 고이 간직해야 한다.

그러면 그 소망이 잠재의식 속에 받아들여져 반드시 현실 세계에 구체적인 모습으로 나타날 것이다.

당신의 내부에는 무서운 힘이 숨겨져 있다. 이 힘에 대한 완전한 믿음을 가졌을 때 비로소 행복은 당신을 찾아온다. 그러면 당신의 꿈도 실현될 것이다.

007

생각이 바로 열매를 맺는 씨앗이다

Joseph Murphy's nomology of good success

잠재의식이 기름진 땅이라면 의식하는 마음은
그 곳에 뿌려지는 씨앗이다. 씨앗이 좋으면 훌륭한 열매가,
씨앗이 나쁘면 좋지 않은 열매가 맺히게 마련이다

쌀 속에는 탄수화물과 그 외에도 몇 가지 화학 성분이 들어있다. 그러나 볍씨를 논에 뿌려 보자. 그러면 그 속에서 싹이 돋아나고 꽃이 피고 쌀이 된다.

이 얼마나 신기한 일인가?

땅 속에서 불가사의한 작용이 일어나 볍씨 속의 쌀알을 성장시켜 벼로 만드는 것이다.

감씨를 심으면 감나무가 생기고, 등나무 씨를 심으면 등나무가 생긴다. 즉, 모든 씨앗을 땅에 심으면 땅은 이를 싹트게 해 준다.

당신이 뭔가를 생각하고 있다고 가정해 보자.

예컨대, 의사가 되고 싶다는 생각을 당신이 마음속 깊이 품고 있다고 해 보자.

그렇다면 당신은 자기가 흰 가운을 입고 여기저기 분주히 돌아다니며 환자를 돌보고 있는 모습을 마치 눈으로 보듯 생생히 마음속으로 그려보자.

이같이 '눈으로 보듯 생생히 마음속으로 그려보는 것視覺化'을 '생각'이라고 이름해 보자.

이 '생각'이 바로 '씨앗'이다.

이 '시각화'를 분명히 해 놓고 나서 그것을 곧 잠재의식으로 옮겨 놓을 때, 이것이 바로 '씨앗을 뿌리는 일'이 된다.

씨앗을 뿌리면 반드시 그 씨앗에서 싹이 트며 자라난다.

씨앗에서 싹이 트기 위해서는 햇볕이 필요한데, 이것은 '신념'에 해당된다.

또 물도 필요하다. 이것은 '실감實感'에 해당한다.

잡초도 뽑아 줘야 한다. 이것은 '필요 없다'고 하는 소리가 들렸을 때, 곧바로 그것을 잘라 버리는 '결단決斷'에 해당한다.

우선 훌륭한 씨앗, 즉 좋은 생각을 골라내야 한다. 그리고 그 생각을 마음속에 품고 실감나도록 되풀이하고, 비관적인 생각이 들 때마다 곧바로 그 생각을 떨쳐 버릴 수만 있다면, 반드시 그 씨앗은 훌륭하게 성장하여 좋은 열매를 맺게 된다.

또 머리 좋은 사람이 되고 싶다면, 당신은 그러한 자신의 모습을 머릿속에 선명하게 그려야 한다.

나의 경험에 비추어 볼 때, 보통 사람의 경우 4~5년 내에 전혀 알아볼 수 없을 정도로 두뇌가 명석해진다.

또한 아름답고 매력적인 사람이 되고 싶어하는 여성은 자신의 이상형을 잠재의식 속에 불어넣은 다음 계속 기대를 간직하고 있다면, 보이지 않는 순간에 점차로, 그러나 확실히 외형까지 변할 수 있다.

이것이 바로 잠재의식의 법칙이다.

008

잠재의식의 힘은
다른 사람에게도 미친다

Joseph Murphy's nomology of good success

신념이 진실로 깊어지면 반드시 기적으로만 여길 수
없는 일이 일어난다. 잠재의식에 새겨진 형상은 기도하는
사람뿐만 아니라 다른 사람에게도 실제로 일어나고 있다.

암시요법暗示療法은 현대인들에게 잘 알려져 있다.

암시는 잠재의식에 작용하는 것이므로, 잠재의식의 본질을 생각할 때, 그 영향이 본인 이외의 사람에게도 미칠 수 있다.

런던 캔스튼 폴의 소장인 이브닝 프리아트 박사는 다음과 같이 말하고 있다.

어떤 사람의 딸이 불치의 피부병에 심한 관절염까지 겹쳐 불구자가 되었다. 병원에 찾아가서 의사의 치료도 받아 봤지만 아무런 소용이 없었다.

그러자 그녀의 아버지는 딸의 병이 낫기를 강력하게, 그리고 진실한 마음으로 빌었다.

'내 딸의 병이 완쾌할 수만 있다면 나의 오른팔이라도 자를 수 있을 것 같아.'

그리고 나서 약 2년이 지난 어느 날, 그의 가족이 함께 승용차를 타고 드라이브를 하다가 불행하게도 충돌 사고를 일으켰다. 그로 인해 그의 오른팔

이 부러졌고, 신기하게도 그 이후로 딸의 피부병과 관절염이 저절로 나았다.

그가 2년 동안 진정으로 마음속에 그렸던 일이 잠재의식에 새겨지고, 그 것이 현실로 나타났던 것이다.

그 잠재의식에 새겨진 형상은 기도하는 사람뿐만 아니라 다른 사람^{그의 딸}에게도 일어났던 것이다.

이로 미루어 볼 때, 잠재의식이 어떤 경우에는 본인을 초월하여 타인에 게 작용할 수도 있다는 것 외에 달리 설명할 길이 없다.

노벨상을 받은 바 있는 세계적인 외과의사 알렉시스 카렐 박사도 때때로 이 같은 불가사의한 일이 일어나고 있음을 인정하고 있다.

009

잠재의식은
당신이 잠들 때 더 왕성하다

Joseph Murphy's nomology of good success

잠재의식에 씨앗을 뿌리는 가장 좋은 시기는
의식하는 마음이 휴지休止 상태에 있을 때와
근육이 긴장 상태에서 풀려 있을 때다

밭에 씨앗을 뿌릴 때에도 알맞은 시기가 있다.

한여름 뙤약볕이 쏟아지는 때라든가, 땅이 꽁꽁 얼어붙은 겨울철은 부적
당하다.

그럼 언제가 좋을까?

아무래도 이른봄이나 초가을처럼 따뜻한 때가 좋다.

이와 마찬가지로, 만능의 토양인 잠재의식에 씨앗당신의 생각을 뿌리는 데
도 적당한 때가 있다.

예컨대, 막 잠들기 전 의식이나 근육이 풀려 있을 때, 아침에 잠에서 막
깨어나 아직 의식이 선명치 않을 때가 가장 적절하다.

이때 자기의 생각자기의 소망을 형상화한 것을 머릿속에 그려 보라.

의사가 되고 싶은 사람은 자기가 의사가 되어 있는 모습을, 결혼하고 싶
은 여성은 멋진 남성과 함께 행복하게 사는 모습을, 그리고 부자가 되고 싶
은 사람이라면 푹신한 고급 쇼파에 앉아 담배라도 한 대 피우고 있는 형상

을 머리에 그려 보라.

그리고 나서 "이 형상을 잠재의식에 넘겨 주어야지."라고 말하는 것이다.

머리에 형상을 그리는 시간은 1분도 좋고, 익숙해지면 10초라도 좋다. 그리고 이러한 일을 아침저녁으로 반복해야 한다.

이러한 일이 당신에게 좋은 결과를 가져옴은 두말할 것도 없다. 행복한 생각과 기분으로 잠자리에 들면, 보다 행복한 생각과 기분으로 다음 날 아침에 일어나게 된다.

잠재의식은 당신이 잠들어 있는 동안에도 당신이 소망하는 바를 이루어 주기 위해 쉴새없이 우주와 우주 사이를 분주히 돌아다니고 있는 것이다.

010

성공자는 나쁜 암시를 외면한다

Joseph Murphy's nomology of good success

암시의 힘은 무서운 것이다. 따라서 나쁜 암시는 즉시 거절하고,
밝고 건설적인 암시만 받아들이도록 한다. 성공한 사람은
결코 나쁜 암시를 받아들이지 않는다.

아프리카의 성자인 슈바이처 박사는 흑인들의 터부taboo에 대해 놀랄
만한 보고를 하고 있다.

어린아이가 태어날 때, 그 아버지 되는 사람은 술을 마셔 황홀 상태에 빠
진 채 새로 태어나는 아이의 터부를 중얼거린다는 것이다.

예를 들어, "오른쪽 어깨!"하고 말하면, 그 어린아이는 오른쪽 어깨가 터
부가 되어 그곳을 맞으면 죽는 것으로 믿는다고 한다.

만일 "바나나."하고 말하면, 그 어린아이가 성장하여 어른이 된 후에도
바나나를 먹으면 죽는 것으로 믿는다는 것이다.

그리고 실제로 슈바이처 박사는 이러한 터부로 인해 죽은 예를 많이 보
았다고 한다.

그 한 예를 들어 보도록 하겠다.

바나나 요리를 했던 냄비를 씻지 않은 채 다른 요리를 하였는데, 그 음식
을 어느 흑인이 먹었다.

씻지 않은 냄비로 요리했다는 사실을 뒤늦게 알게 된 그 흑인은 순간적으로 얼굴이 창백해지면서 손쓸 틈도 없이 경련을 일으키며 죽어 버렸다.

물론, 바나나 때문에 죽을 리는 없다. 그 흑인의 경우도 그 냄비로 바나나 요리를 했다는 사실을 알지 못했다면 아무렇지도 않았을 것이다. 그러나 그가 그러한 사실을 아는 순간 온몸에 경련을 일으키며 죽었던 것이다.

어느 종군 목사가 자신이 제2차 세계 대전 때, 전쟁터에서 경험했던 이야기를 들려주었다.

그가 타고 있던 비행기가 고장을 일으켜 그는 낙하산을 타고 어느 정글 지대로 뛰어내려야 할 운명에 처해 있었다.

그는 당시의 상황을 이렇게 회고했다.

"나는 무서웠습니다. 공포에 사로잡힌 것이지요."

그러나 그는, 공포에는 정상적인 공포와 이상적인 공포가 있다는 것을 알고 있었다.

그는 이와 같은 공포를 극복하기 위해 스스로에게 다음과 같이 말하였다.

"존, 너는 자기의 공포에 굴복할 사람이 아니다. 지금 네가 느끼고 있는 공포는 안전하게 탈출할 수 있는 방법에 대한 너의 욕구일 뿐이다."

그는 이어서 다음과 같은 기도를 되풀이하였다.

"천체天體의 운행을 다스리고 계신 무한한 지성이 지금 나로 하여금 이 정글 지대에서 벗어날 수 있는 길을 가르쳐 주신다."

그는 10분 이상이나 이와 같은 기도를 큰 소리로 외쳤다.

"그러자 마음속에서 무엇인가가 움직이기 시작하였습니다. 신뢰의 기분이 나를 사로잡았지요. 그리고 나는 걷기 시작하였습니다. 그로부터 며칠 후에 나는 기적적으로 정글에서 탈출할 수 있었습니다. 그때 구조 비행기가 나타나 나를 구출해 주었습니다."

그는 자신의 마음을 바꿈으로써 도움을 얻었던 것이다. 자기에게 내재하는 주관적 지혜와 힘에 대한 그 자신의 신념과 신뢰가 문제에 대한 해결이 된 것이다.

그는 이렇게 말했다.

"만일 그때 내가 나의 운명을 한탄하며 눈물로 시간을 보냈다면, 나는 공포라는 괴물에 휩싸여 아마도 공포와 굶주림으로 죽음을 면치 못했을 것입니다."

암시는 이처럼 무서운 것이다.

물론, 우리가 이처럼 간단하게 암시에 걸리는 일은 없다. 정도의 차이가 있지만, 암시는 분명 무서운 작용을 하고 있다.

따라서 다음과 같은 암시가 머릿속에 떠오르면 단호히 물리쳐야 한다.

"내 병은 잘 나아지지 않을 거다."

"난 결코 행복해질 수가 없어."

"나쁜 일이 생길 것 같은 예감이 들어."

이런 암시가 떠오르면 고개를 크게 가로저으며 단호하게 "절대 그렇지 않아!"하고 외치자. 그러면 나쁜 암시는 결코 작용하지 않게 된다.

그런 다음, 곧바로 좋은 암시로 바꿔 놓아야 한다.

"이러한 병쯤은 문제 없어. 난 놀랄 만큼 건강하거든."

"난 훌륭한 배우자를 맞이할 수 있다."

당신이 알고 있는 사람들을 살펴보라. 그야말로 성공한 사람은 나쁜 암시를 받아들이지 않는 버릇과 마음가짐을 갖고 있다는 사실을 새롭게 알 수 있을 것이다.

011

잠재의식은 만능의 힘을 가졌다

Joseph Murphy's nomology of good success

난관에 처했을 때 "이젠 틀렸어."라고 말하는 것은 잠재의식의
협력을 거부하는 것이다. 잠재의식은 우리가 현시점에서
마음에 잡히지 않는 거대한 계획들을 갖고 있다.

어려운 문제에 직면하게 되었을 때, 어떤 수를 쓰더라도 그 궁지에서 벗어날 수 없는 것처럼 생각될 때가 있다.

그러나 당신에게 '생각되어지는' 것은 곧바로 당신이 의식하는 마음속에 새겨진다는 사실을 염두에 두어야 한다.

의식하는 마음은 한정되어 있다. 그 한정된 의식하는 마음속에 난관을 극복하기가 불가능한 것으로 생각된다 하더라도 전능全能의 마음이 불가능한 것은 아니다.

내가 알고 있는 청년 중에는 미국으로 가고 싶어하는 사람들이 많았다.

그 중 한 청년이 어떤 문제에 대단한 관심을 갖고 있었다. 그는 그 문제를 연구하기 위해서는 미국에 가서 연구하는 편이 좋겠다고 생각했다.

그러나 해외로 나간다는 건 매우 어려운 일이었다. 어떻게 하면 미국으로 갈 수 있을까 하고 궁리해 보았지만 좀처럼 그 길을 쉽게 찾아낼 수가 없었다.

그러나 그 청년은 잠재의식에 관한 것을 잘 알고 있었다.

"틀림없이 무한한 지성이 나를 인도하여 안내해 줄 것이며, 나의 소망을 실현시켜 주기 위해 완전한 계획을 제시해 줄 것이다. 내 잠재의식의 깊은 이해가 반드시 그 해답을 내게 가르쳐 주리라 확신한다. 그리고 내가 마음 속에서 느끼고 요구하고 있는 것은 반드시 외계外界에 구체적인 형태로써 나타남을 안다. 내 마음은 언제나 조용히 침착하게 가라앉아 있다."

그후에도 미국으로 가는 길은 좀처럼 열리지 않았다.

다만, 그는 유럽의 어느 조그마한 나라로 갈 기회를 얻게 되었다.

그는 그 순간을 놓치지 않고 유럽의 작은 마을에서 미국으로 갈 수 있는 절호의 기회로 삼았다.

유럽에 머물러 있으면서 그는 그곳에 와 있는 한 미국인 교수를 알게 되었다. 그 교수의 인정을 받은 그는 미국으로 건너가게 되었고, 마침내 미국 대학의 교단에 설 수 있게 되었다. 드디어 그는 소원을 이루었던 것이다.

이처럼 잠재의식은 못하는 것이 없는 만능이다. 따라서 우리가 현시점에서 아무리 의식하여도 마음에 잡히지 않는 거대한 계획들을 잠재의식은 갖고 있는 것이다.

"이젠 틀렸어."라고 말하는 것은 그 잠재의식의 협력을 거부하는 행위가 된다.

012

착한 언행만으로는 행복할 수 없다

Joseph Murphy's nomology of good success

정직하고 근면한 사람이 이 세상에서 혜택을 못 받는 것은
잠재의식의 사용 방법이 훌륭하지 못하기 때문이다.

당신의 주변을 한번 살펴보라.

정직하고 양심적이고 사려 깊은 사람이 반드시 행복하지는 않으며, 그와 반대의 입장에 있는 사람이 오히려 행복한 삶을 살아가는 경우가 있다.

그야말로 훌륭한 사람이 일생 동안 보란 듯이 빛나는 생을 누리지 못한 채 암으로 죽어 간 예를 나는 알고 있다.

이러한 사람들은 자기의 밝은 장래를 기대하는 마음이 그다지 강하지 못했던 것 같다. 자기가 수행해야 할 의무나 타인에 대한 의리를 다하는 데는 정말 양심적으로 훌륭하게 이행하지만, 정작 자기가 어떤 사람이 되어야 할 것인가에 대해서는 그리 중요하게 여기지 않는 것 같다.

이는 적극적인 희망이 없어서일 것이다. 그런 사람들의 머릿속에는 오직 '그 사람에게 마음의 빚을 어떻게 갚을 것인가, 의리를 저버렸던 자신의 수치스러운 모습' 등 그야말로 어두운 영상들로 가득 차 있다.

그렇게 되면 '판단력'이 없는 잠재의식은 의식하는 마음이 흐르는 대로

실현하게 되므로, 객관적으로 볼 때는 훌륭한 사람이라 할 수 있겠지만, 그러한 사람에게는 불행한 일이 자주 일어나게 된다.

이와 반대로, 자기 중심적으로 세상을 사는 사람들은 행운과 더불어 부유한 삶을 누리고 있음을 볼 수 있다.

그런 사람들은 자기의 장래를 밝게 그리고 있으므로, 판단력이 없는 만능의 잠재의식은 그것을 실현하는 데 힘을 빌려주게 된다.

이 세상에서 행복을 누리려면 훌륭한 도덕성만으로는 부족하다. 자기의 행복한 삶의 모습을 생생하게 눈앞에 그려 보고 만능인 잠재의식의 협력을 구해야 한다. 그리고 믿어라. 그러면 여러 가지 자신의 할 일들이 눈앞에 전개될 것이다.

정의로운 마음만 가지고는 결코 행복해질 수 없다. '불행한 정의한正義漢: 정의감이 강한 사나이'이라는 말도 있잖은가!

013

잠재의식은 어떤 질병도 고칠 수 있다

Joseph Murphy's nomology of good success

잠재의식은 인간의 육체까지도 존재 가능하게 한다.
따라서 잘만 적용한다면 육체의 질병을 고칠 수도 있다.

우리의 존재에 대해 생각해 보자. 눈에 보이지 않는 아주 조그마한 수정란으로부터 우리의 손발이 생겨나고, 눈이나 귀가 생겨 현재의 내가 있는 것이다.

이렇게 되기까지엔 의식하지 않는 마음, 즉 잠재의식이 있었기에 가능했던 것이다. 우리의 존재를 가능하게 만든 것이 바로 잠재의식이라면, 그것은 우리의 육체를 불균형하게 만드는 질병을 고칠 수도 있지 않을까. 단지 잠재의식에 대해 작용하는 그 방법이 문제가 될 것이다.

어떤 종교이든 기적은 존재한다. 그리스도교도, 불교도 기적을 제시하고 있다. 인간이 깊은 종교적인 기분으로 충만해 있을 때 '의식하는 마음'이 일시적으로 작용함을 그치고 '잠재의식'이 노출되어 직접 작용을 일으켜서 기적이 일어나는 것이다.

머피 박사는 의사들조차 치료할 수 없는 악성 피부병을 기도로써 고친 일이 있는데, 그 기도 내용은 다음과 같다.

"나의 육체와 그 기관의 모든 것은 내 잠재의식 속에 있는 무한한 지성 知性에 의해 만들어진 것이다. 시계를 만든 사람이 그 시계가 고장났을 때 쉽게 고칠 수 있는 것처럼, 잠재의식의 지혜도 자기가 만든 자신의 기관· 조직·근육·뼈 등등, 존재하는 모든 원자原子를 바꿔 완전히 치료해 주고 있다. 지금도 그 잠재의식의 지혜가 치료를 계속하여 나의 피부병이 점점 나아지고 있다는 것을 나는 알고 있다. 이에 대해 감사한다. 내 내적인 창조 적 지성 작용이 얼마나 멋진가!"

머피 박사는 이러한 내용의 기도를 하루에 두세 번씩 약 5분 동안 소리 내어 되풀이하곤 했는데, 약 3개월이 지난 후에 그의 피부병이 말끔히 나 았다는 것이다.

014

세상에 못 이룰 것은 없다

Joseph Murphy's nomology of good success

잠재의식을 건강에 이용하려면 머릿속으로 건강한
이미지를 상상하는 것이 중요하다. 그런 뒤 몸의 상태를
조절하면 기적과도 같은 놀라운 효험을 볼 수 있다.

우리의 '의식하는 마음'이 잠재의식을 자유롭게 조정할 수는 없다.

소화가 어려울 정도로 많은 양의 식사를 했는데도 소화는 서서히 진행
되며, 혈액은 자기의 의지와는 상관없이 몸 안에서 돌고 있다.

그러나 잠재의식을 이용하여 몸의 상태를 조절할 수도 있다. 우선 의식
적으로 자기가 원하는 형상을 만들고 그걸 잠재의식에 심는 것이다.

남아프리카의 요하네스부르크에 사는 한 목사가 폐암 진단을 받았다. 현
대 의학으로도 고칠 수 없는 절망적인 진단이었으나 그는 좌절하지 않고
곧 머피 이론을 실행해 보기로 결심했다.

그는 하루에 반드시 몇 번씩 정신적으로나 육체적으로 완전히 편안한 자
세를 취했다.

완전히 편안한 자세가 되기 위해선 다음의 자기 암시가 필요하다.

"내 발은 편하다. 내 복사뼈는 아무렇지도 않다. 내 다리는 편하다. 내
복근腹筋은 이상이 없다. 내 심장도 폐도 편하다. 나의 모든 존재는 완전하

게 아무런 일이 없다."

이와 같이 5분 가량 말하면 전신이 편안해진다. 그러한 상태에서 그는 이렇게 말했다.

"전지 전능하신 하느님께서 이제부터 내 육체를 통해 능력을 나타내시는구나. 완전한 건강이라고 하는 형상이 이제부터 내 잠재의식을 충만케 하고 있다. 따라서 내 잠재의식은 하느님의 마음속에 있는 완전하신 형상과 호응하여 내 육체를 다시금 창조하는 것이다."

그 결과, 그는 기적과도 같은 너무나도 놀라운 효험을 봤다.

만일 당신이 병으로 고민하고 있다면 한번 이러한 방법을 써 보라. 의사나 약의 치료 결과에 못지않은 효험을 얻게 될 것이다.

"당신이 믿음 가운데 기도로써 간절히 구한다면, 세상에 못 이룰 것이 없다."

015

몸과 마음을 편안하게 하는 기술

Joseph Murphy's nomology of good success

잠재의식을 활용하는 데는 몸을 편안하게 하는 기술이 중요하다.
그 방법은 그저 근육마다 편안하게 이완되라고 명령을 내리면 된
다

의식하는 마음이 여러 가지를 생각하고, 근육이 긴장되어 있을 때는 잠
재의식이 작용하기 어렵게 된다. 따라서 머피 박사의 이론을 이용하기 위
해서는 근육마다 이완되게 마음을 편안하게 다스리는 기술이 중요하다.

그 방법은 간단하다. 앞에서 예로 들었던 요하네스부르크의 목사와 같
이 발끝에서부터 하나하나의 근육에 대해 긴장이 풀리도록 다음과 같은
순서대로 명령하면 된다.

① 맨 먼저 오른발의 발가락 끝에서부터 이완되라고 명하고, 다음에는 복사뼈·
   무릎·허벅다리 순으로 점점 위로 올라간다.
② 왼발의 발가락 끝에서부터 같은 방법으로 시도한다.
③ 성기·장·위·심장·폐·목 쪽으로 올라가서, 또다시 오른손의 손가락 끝·손
   목·팔굽·어깨와 같은 순서로 긴장을 풀게 한다.
④ 아래턱입을 약간 벌린 상태가 되게 한다·코·귀·눈·머리 순으로 편안한 상태가 되

게 한다.

익숙해지면 약 30초 내에 충분히 이 모든 과정을 마칠 수 있다.

그러고 나면 전신이 나른해지면서 손을 들어올릴 수 없을 것 같은 기분이 들고, 깨어 있는 것도 같고 잠자고 있는 것도 같은, 즉 비몽사몽 상태인 듯한 기분이 든다.

그때 자기가 바라는 모습을 머릿속으로 그리면 된다. 그러면 그 순간은 그야말로 심신이 편안해지고 평화로워질 것이다.

이 같은 상태가 되기까지 하루에 몇 번이고 되풀이해야 한다.

집에서 쉬고 있는 사람은 언제든지 할 수 있다. 직장에 나가는 사람이라면 버스나 전철 안에서 눈을 감고 하면 된다. 또 집에 돌아와서는 식사 전에 누워서 할 수 있다. 그리고 잠자리에 들기 전에 반드시 해야 한다.

어깨가 결린다든가 머리가 무거울 때 이러한 방법을 쓰면 효험을 볼 수 있다.

마음과 육체가 서로 밀접한 관계를 유지한다는 것은 옛날부터 잘 알려진 사실이지만, 최근에는 정신 신체 의학이 점차로 중요시되고 있다. 이러한 방법은 당신의 정신뿐만 아니라 육체까지도 균형을 유지시켜 줄 것이다.

016

잠재의식의 수신 신호

Joseph Murphy's nomology of good success

자기가 바라는 모습을 상상하며 짜릿한 스릴을 느꼈다면
의식하는 마음을 잠재의식에 심어준 것으로 생각해도 좋다

　몸을 편안히 이완시킨 후에 자기의 소원을 형상화하여 머릿속으로 그리고, 그 형상화된 모습을 잠재의식에 심어 두면 반드시 그 소원이 실현된다고 했는데, 과연 형상화된 모습이 잠재의식에 제대로 전달되었는지 어떤지를 어떻게 알 수 있을까?

　그것을 알 수 있는 한 가지 확실한 방법이 있다. 자기의 소원이 달성된 모습을 그리고 있을 때 스릴이라고 할까, 뭔가 몸이 떨리는 듯한 느낌이 들면 잠재의식에 전달된 것으로 보면 된다. 그러한 느낌은 단지 몇 초에 지나지 않을 때도 있지만, 그보다 훨씬 더 오랫동안 계속될 때도 있다.

　이러한 느낌을 깨닫는다는 것은 대단한 일로서, 그것은 곧 당신이 바라는 바의 모습을 잠재의식이 수신했다고 하는 신호이기도 하다.

　잠재의식은 일단 무엇을 받아들이면 그걸 실현해 버리고 마는 성질이 있다. 따라서 그후에는 안심하고 잊어도 좋다.

　내가 알고 있는 학생 가운데 서독 유학을 희망하는 남학생이 있었다. 그

러나 그는 서독에 대하여 대표적인 강인 라인강밖에 아는 것이 별로 없었다.

그래서 나는 그에게, 라인강 언덕에 서 있는 자기 자신의 모습을 하루에 몇 번씩 머릿속에 그려 보도록 권했다.

그러고 나서 그가 경험했던 일을 요약하면 다음과 같다.

그는 자기가 라인강 언덕에 서 있는 모습을 하루에도 몇 번씩 머릿속에 그려 보았다.

그러던 중 하루는 갑자기 온몸이 오싹하며 굉장히 추운 듯한 기분이 들었다. 그 당시는 여름이었으므로, 자기가 왜 그런 추운 기분이 들었는지 알 수 없었는데, 그후로 갑자기 유학에 관한 이야기가 급진척되면서 그 해 10월 말에 서독으로 유학을 떠나게 되었다.

뒤셀도르프 공항에 도착했을 때 한 사람이 마중 나와 그를 자동차로 안내했다. 얼마쯤이나 갔을까? 그가 도중에 차를 세우며 말했다.

"라인강이나 구경하고 갑시다."

차에서 내리니 강바람이 차가워 자기도 모르게 몸을 떨며 외쳤다.

"아이고 추워!"

그가 3개월 전에 경험했던 느낌, 바로 그것이었다.

그 순간, 그는 나의 잠재의식에 관한 말이 실감 나더라고 했다.

017

기적은 언제 어디서나 일어난다

Joseph Murphy's nomology of good success

기적에 관한 이야기는 수도 없이 많은데, 그 중에는
거짓말도 많이 섞여 있다. 하지만 무엇이 됐든
믿을 수만 있다면 잠재의식이 작용하여 기적을 낳는다

'정어리 대가리도 믿음대로'라는 속담이 있다.

아무리 정어리 대가리라 할지라도 마음속으로 믿기만 한다면 이익을 얻을 수 있다는 말이다.

다음은 머피 박사의 친척에게 있었던 일이다.

서西 오스트레일리아에 살고 있는 그는 노인성 폐결핵으로 몹시 괴로워하고 있었다. 회복될 조짐이 보이지 않자 아들은 그를 퇴원시켜 집으로 데려왔다.

신앙과 잠재의식에 대한 관계를 잘 알고 있던 아들은 자기 아버지에게 이렇게 말했다.

"아버님, 저는 기적이 잘 일어나기로 소문 난 유럽의 신성한 곳에서 오신 목사님을 가끔씩 만납니다. 그분은 예수님께서 매달려 죽으셨던 진짜 십자가 나뭇조각을 갖고 계셨지요. 그걸 저한테 주시더군요. 그걸 받고 보니 어찌나 감사한지 500달러를 그분의 교회에 헌금했습니다. 그런데 그분께서 하시는 말씀이, 이 진짜 십자가 조각을 만져 보기만 해도 예수님을 직접 만나본 것과 같은 기적이 일어난다는군요. 그래서 그것을 예쁘게 깎아 반지에 넣었습니다."

그러면서 그는 십자가 나뭇조각이 끼워진 반지를 아버지에게 선물로 건네주었다.

그러자 74세 된 그의 아버지는 아들의 효심에 감격한 나머지 그 반지를 가슴에 품고 조용히 기도를 드리다가 잠들었다.

이튿날 아침, 잠자리에서 일어난 그는 날아갈 듯한 상쾌한 기분을 느꼈다. 너무도 이상하여 병원에 가서 검사를 받아 보니 결핵이 음성陰性이라는 것이 아닌가!

그런데 사실, 아들이 갖고 온 십자가 나뭇조각은 진짜가 아니었다. 아들은 길바닥에서 나뭇조각을 주워다가 보석상에 가서 깎아 반지에 끼웠던 것이다.

그가 아버지에게 드린 선물은 엉터리였지만 그의 아버지에게 일어난 기적만은 진짜였던 것이다.

그의 아버지는 그후에도 전혀 병이 재발하지 않았고, 15년을 더 살다가 89세를 일기로 세상을 떠났다.

예로부터 기적에 관한 이야기는 수도 없이 많다. 그러나 그 중에는 거짓말도 많이 섞여 있다. 하지만 전혀 거짓이 섞이지 않은 이야기도 많다는 것을 우리는 알아야 한다.

요컨대, 잠재의식을 움직일 수만 있다면 기적은 언제 어디서든지 일어날 수 있는 것이다.

018

잠재의식은 마음의 판단에 따른다

Joseph Murphy's nomology of good success

최면술이란 잠재의식에 작용케 하는 하나의 방법에 불과하다.
최면에 걸려 '판단하는 의식'이 몽롱해져 있는 동안에는 잠재의식이
암시를 받아들인다. 그렇게 되면 반드시 그 암시를 실현시킨다.

병을 치료하는 데 맨 처음으로 최면술을 이용한 사람은 오스트리아의
메스머Mesmer, Franz:1734~1815이다.

그는 1778년 파리에 진료소를 차려 놓고 있었는데, 이것은 보통 병원의
진료실과는 전혀 달랐다.

그곳은 값비싼 그림이나 크리스탈 유리로 장식되었으며, 벽에는 로코코
식의 시계가 걸려 있었고, 방바닥에는 두꺼운 페르시아 융단이 깔려 있었
다. 그야말로 당시로서는 왕후 귀족들의 저택과도 같은 호화스러운 방이
었다.

그 방 한가운데에 있는 크고 둥근 통에는 쇠로 된 몽둥이가 여러 개 꽃
혀 있었는데, 환자가 그걸 잡는 것이다.

환자가 그 쇠몽둥이를 잡으면 방 한구석에 있는 악단이 단조로운 음악
을 연주하고, 호화스러운 옷을 입은 메스머가 등장하여 음악에 맞추어 환
자의 주위를 빙글빙글 돌면서 환부患部에 손을 대는 것이다. 그때 환자의

정신은 몽롱해진다.

그러는 동안에 음악은 그치고, 어느 틈엔가 메스머의 모습도 사라지는데, 환자가 정신을 차리고 나서 보면 병이 씻은 듯이 낫는다는 것이다. 메스머는 이것을 '동물 자기磁氣'에 의한 치료라고 명명했는데, 이러한 치료법은 메스머리즘mesmerism이라고 한다.

물론 이러한 치료법은 오늘날 과학적인 면에서 볼 때 근거 없는 엉터리일지도 모른다.

그러나 실제로 그 치유율은 매우 높았으며, 프랑스의 국왕 루이 16세까지도 이것을 즐겼다고 한다.

이 메스머리즘은 오늘날의 최면요법을 말한다.

최면요법이란, 당신의 의식을 몽롱한 상태로 만들고 잠재의식에 직접적으로 작용케 하는 것을 의미한다.

'의식하는 마음'은 '판단하는 마음'이므로, 의식이 작용하고 있는 동안에 어떤 암시를 받은 경우 '그런 일은 있을 수 없다'고 하는 판단이 마음을 지배한다. 그렇게 되면 잠재의식에도 그대로 전해지게 되어 병을 치료할수 없게 된다. 잠재의식은 '의식하는 마음의 판단'에 따르게 되어 있기 때문이다.

그러나 체면에 걸려 있어서 '판단하는 마음'이 몽롱해져 있는 동안에는 잠재의식이 암시를 받아들인다. 그렇게 되면 잠재의식은 그 암시를 반드시 실현하고야 만다.

019

믿는 만큼 기적도 빠르게 나타난다

Joseph Murphy's nomology of good success

우상 숭배는 잠재의식을 움직이는 하나의 효과적인 방법이다.
따라서 무엇이든 진정으로 깊이 믿을 수만 있다면 기적은
일어나게 된다. 다시 말해 신앙의 효과는 똑같다.

파라셀수스Paracelsus, Philippus Aureolus:1493~1541는 바젤 대학의 초대 화학교수로서, 그 당시에는 세계 제일의 연금술사라는 평을 받던 사람이다.

그는 이렇게 말하고 있다.

"당신의 마음속에 지니고 있는 신앙의 대상이 진정한 것이든 아니든 간에 당신에게 가져다 주는 신앙의 효과는 똑같다. 다시 말해, 내가 성 베드로 자체를 믿어야 함에도 불구하고, 그 대신 성 베드로 상像을 믿었다 할지라도 성 베드로로부터 얻는 것과 같은 효과를 얻을 수 있다는 것이다. 이는 분명 미신이지만, 그럼에도 불구하고 그러한 신앙은 기적을 낳을 때가 있다. 진실한 것을 믿든 그릇된 것을 믿든 간에 신앙은 항상 같은 기적을 낳는다."

그가 살던 때는 종교 개혁 시대였기 때문에 로마 카톨릭과 같이 마리아 상像 등에 기도를 올리는 것은 우상 숭배라고 부정하는 신교新敎가 많이 나왔다.

그러나 익살스럽게도 기적이라 할 만한 사건들이 로마 카톨릭 교회 쪽에서 훨씬 더 많이 일어났다. 그렇다고 해서 카톨릭 쪽이 진리이며, 신교新教 쪽이 그릇되었다고는 볼 수 없다. 어쩌면 오히려 신교 쪽이 보다 합리적일지도 모른다.

그러나 한편으로 생각해 보면, 마리아 상 앞에서 기도를 드린 사람이 그렇지 않은 사람보다 더 나은 신앙심에 젖어 있다고 볼 수 있다.

무엇이든 깊이 믿을 수만 있다면 기적이 일어나게 되어 있다고 볼 때 카톨릭 쪽이 신교 쪽보다 기적이 더 많이 일어나는 것은 당연하다.

여기서 분명히 밝히고 싶은 것은, 기적적인 영험靈驗이 많이 일어난다고 해서 그 종교가 고급이라거나 합리적이라거나 학문적인 것이라거나를 말하려는 것은 아니다.

단지 믿는 마음이 깊으면 그것이 잠재의식에 도달하게 되고, 그러면 그 잠재의식은 반드시 기적을 일으킨다는 것을 말하려는 것이다.

마리아 상의 아름다운 상像에 기도를 올려 효험을 보았다면, 진짜 성모 마리아가 도와주었다고 생각해도 결과적으로는 조금도 이상할 것 없는 셈이다.

020

잠재의식은 그 어떤 종교와도 통한다

Joseph Murphy's nomology of good success

잠재의식이 기적을 일으킨다는 사실을 모든 사람들이
알게 된다면 종파宗派간의 싸움은 사라질 것이다

서양의 경우 극심한 종교 전쟁의 역사를 갖고 있다.

뿐만 아니라 이웃의 일본에서도 그 예를 찾아볼 수 있다.

소위 창가학회創價學會:일본의 종교 단체로서, 1930년 미키구치 쓰네사브로가 창가
교육학회로서 신설한 것을 1946년 창가학회로 개칭, 재건함는 자기들만이 인류를 구
원할 수 있다고 주장했으며, 선종禪宗에서도 이와 똑같은 주장을 했다. 그
리스도교의 각파 역시 마찬가지이다.

그래서 종파간에 벌어지는 싸움을 보고 염증을 느낀 나머지 이따금씩
그 종교를 박차고 나와서 무신론자가 되기도 한다.

잘 들어 보면 그 어느 종교든 모두 훌륭한 진리임을 주장하고 있다. 그리
고 어느 종파든 기적이 일어나고, 어느 종파에 소속된 신자들일지라도 그
와 유사한 불가사의한 체험을 하고 있다. 만일 그런 일이 없다면 어느 누가
끝까지 신자로 남아 있겠는가. 기적이 많은 쪽으로만 몰릴 것은 불을 보듯
뻔하다.

머피 이론은 그 어느 종파이건 모두 올바르다고 말한다. 또 그 어느 종파든 인간을 잠재의식으로 이끌어 가기 위한 길이라고 생각한다.

카톨릭에 들어가서 기적을 체험한 사람도 있고, 마호메트교에서도, 아프리카의 뭐라고 하는 종교에서도, 미국의 신흥 종교에서도 기적은 일어난다. 이것은 엄연한 사실이며, 그 누구든 간에 이 사실을 인정하지 않을 수 없다.

그렇다면, 내가 믿지 않는다고 해서 다른 종교를 비난해서는 안 된다. 모두 자기가 믿기 쉬운 종교나 종파를 선택하기만 하면 된다.

어떤 종파의 가르침이라도 깊고 진실하게 믿을 수만 있다면 기적을 일으킬 수 있고 구제를 받을 수도 있다.

세상의 갖가지 종교는 잠재의식 쪽으로 가는 길이 서로 다를 뿐이다.

021

기도는 잠재의식의 한 통로이다

Joseph Murphy's nomology of good success

진정 감사하는 마음으로 기도하면, 그 기도는 효험을 볼 것이다.
또한 감사하는 마음이 용솟음쳤다는 것은 잠재의식에
심어 주는 것이 완료되었다는 증거이다

'자기가 바라는 바를 상상하고 그것이 현실화되었다고 느낀다면, 그 바람은 늦든 빠르든 현실화된다.'

이는 잠재의식에 관한 근본적인 진리이다.

자기가 바라는 것이 정말로 이루어졌다고 느껴질 때 당신은 어떠한 행동을 취하게 될까?

"아, 정말 고마워!"

아마, 이러한 기분이 들지 않을까?

따라서 자기가 바라는 바의 모습을 생생하게 머릿속에 그린 다음, '이것이 꼭 내게 실제로 다가올 것이다.' 라고 느끼며 감사하는 기분을 가져 보라. 그리고 나서 그 일을 잠시 잊는 것이다.

그러면 자기도 모르는 사이에 또 기도하고 싶은 마음이 들게 될 것이다.

그러한 사실을 깨닫게 되면 당신의 소망은 근본적으로 달성되고 있는 것이다.

다음은 미국에 사는 어느 부인의 이야기이다. 그 부인은 대학을 졸업한 뒤 유능한 비서가 되었지만, 적당한 상대가 없어 결혼을 못하고 어느 새 노처녀가 되었다.

이 노처녀는 그때 머피 이론을 알게 되었다. 그것이 진리처럼 생각된 그녀는 한번 실행해 보기로 마음먹었다.

그녀의 소망은, 마음이 온화한 남성과 결혼하여 유럽으로 신혼 여행을 떠나는 것이었다.

그녀는 조용히 눈을 감았다. 그리고 그것이 이미 실현되었다고 상상했다. 더욱이 자기에게 머피의 이론을 가르쳐 준 친구에게 감사의 편지를 쓰는 모습을 상상했다.

머릿속에 행복한 자기의 모습을 생생하게 그리고 있는 사이 그녀는 진짜로 자기의 꿈이 실현되었다고 느껴지기 시작했다. 또한 머피의 진리를 가르쳐 준 친구에 대한 감사하는 마음도 용솟음쳤다. 그녀에게 감사의 편지를 쓰고 싶어 못 견딜 정도가 되었다.

소원한 바의 실현을 상상하며 감사하는 마음이 용솟음쳤다는 것은 잠재 의식에 심어 주는 것이 완료되었다는 증거이다.

이윽고 그녀는 부유하고 온화한 성품의 변호사를 만나 결혼하게 되었고, 파리의 한 호텔에서 친구에게 감사의 편지를 쓰게 되었다.

022

반복적으로 원망願望하라

Joseph Murphy's nomology of good success

잠재의식에 원망을 인도하기 위해선 반복이 필요하다. 단단하고
두꺼운 판자에 못을 박으려면 쇠망치로 여러 번 두드려야 한다.
결코 단 한 번만으로 완전히 못을 박을 수 없다

머피 이론을 터득한 사람은 원망願望을 인도하는 데 많은 시간이 걸리지
않을뿐더러, 때로는 단 한 번만 마음속에 새겨 둠으로써 바라는 바를 실현
하는 경우도 있다. 그러나 누구나 그렇게 되는 건 아니다.

원망을 잠재의식에 인도하는 데는 반복이 필요하다.

못 박을 때를 생각해 보자. 단단하고 두꺼운 판자에 못을 박으려면 쇠망
치로 여러 번 두드려야 한다. 결코 단 한 번만으로 완전히 못을 때려 박을
수는 없다.

잠재의식에 당신의 원망을 스며들게 하는 방법도 이와 같다. 절대 서둘
러서는 안 된다. 완전히 박힐 때까지 몇 번이고 쇠망치로 두드려 주어야
한다.

우선 자기가 즐겁게 살 수 있는 주택을 생각해 보자.

교외에 있는 주택도 좋고 고급 맨션도 좋다. 그리고 자기가 그곳에서 즐
겁게 생활하고 있는 모습을 상상해 보자.

'모든 사람은 지금 주택 문제로 고심하고 있다. 그러나 나는 이 아름다운 집이 있으니 얼마나 행복한가!'

이렇게 마음속에 행복한 기분을 충만히 느끼는 것이다.

그러면 주택에 대한 걱정은 자연히 머리에서 사라져 버리게 되고, 눈앞에 있는 자신의 일에 전념할 수 있게 된다.

그리고 하루 일과가 끝난 뒤 자리에 누워서 쾌적한 주택 조건에 감싸여 있는 자기의 모습을 상상하며 감사하는 기분에 젖어 있어야 한다.

이러한 일을 매일 되풀이하다 보면, 언젠가는 정말 그것이 실현된 것처럼 강렬히 느껴지게 된다.

대우주大宇宙가 지극히 느리긴 하지만 확실히 당신의 원망을 실현시켜 줄 것이다.

현실 세계에 있어서도 당신은 반드시 쾌적한 주택 조건 아래에서 "나는 행복하구나!" 하고 말하며 즐길 수 있을 것이다.

023

잠재의식은 시공을 초월한다

Joseph Murphy's nomology of good success

로스앤젤레스에 사는 사람이 뉴욕에 살고 있는
어머니의 병을 위해 날마다 간절히 기도하면
잠재의식의 감응感應을 받아 완쾌된다

잠재의식은 세상에 단 하나밖에 없다.

그리고 이 세상을 창조한 마음도 하나뿐이다.

거기에는 시간도 공간도 없다.

당신을 통해 작용하고 있는 것도, 당신의 어머니아니, 그 누구라도 좋다를
통해 작용하고 있는 것도 근본적으로는 같은 마음이다.

로스앤젤레스에 살고 있는 한 여성이 뉴욕에서 관상동맥 혈전증으로 고
생하고 있는 어머니를 위해 이렇게 기도했다.

"이 병을 고치는 힘은 어머니께서 살고 계시는 뉴욕에 있습니다. 어머니
의 몸 상태는 스크린에 투영된 그림자처럼 어머니의 사념 생활思念生活의 영
상에 지나지 않습니다.

스크린의 그림을 바꾸려면 영사 필름을 바꾸지 않으면 안 된다는 걸 잘
알고 있습니다. 내 마음이 지금 어머니의 영사 필름이 되고 있습니다. 나는
지금 마음속에 조화와 무결無缺과 완전하고 건강한 모습의 그림을 투영하고

있습니다.

어머니의 몸과 그 모든 기관을 창조한 무한한 치유력이 지금 어머니라는 존재의 모든 원자原子 속에 스며들고 있습니다. 그 치유력이 어머니 육체의 각 세포를 통해 평화로운 강물처럼 흘러가고 있습니다.

의사는 만능의 지혜에 이끌려 어머니를 치료하고 있습니다. 병이란 본래 실재성이 없고, 결국 몸속의 부조화뿐이라는 걸 알고 있습니다.

나는 이제야 비로소 생명의 무한한 원리와 손을 잡을 수 있게 되었습니다. 이제야 비로소 조화와 건강과 평화가 어머니의 육체에 나타나고 있다는 사실을 알게 되었습니다. 틀림없이 어머니의 병이 완쾌될 것을 믿어 의심치 않습니다.”

그녀는 위와 같은 기도를 하루에도 몇 번씩 반복하였다.

그 결과, 그녀의 어머니는 극히 눈부신 회복을 보이기 시작했고, 이를 본 담당 의사는 놀라 어쩔 줄 몰랐다. 딸이 의식하는 마음의 결론에 의해 잠재의식은 시공을 초월한 창조 활동을 일으켰으며, 그것이 어머니의 육체를 통해 나타났던 것이다.

누군가가 자신을 위해 기도하고 있다는 사실을 몰라도 기도받은 사람이 효험을 볼 수 있다는 것은 잘 알려져 있지만 충분히 설명된 적은 없다. 그러나 머피 법칙은 이를 훌륭하게 설명해 주고 있다.

024

인생 설계도를 잠재의식에 새겨 두어라

Joseph Murphy's nomology of good success

당신을 만든 것은 당신 자신이다. 따라서 당신을 변하게
하는 것도 당신 자신이니만큼 보다 새롭고 보다 좋게
변한 설계도를 만들어야만 보다 좋은 인생이 펼쳐진다

당신의 주위를 살펴보라.

당신의 방 안에 있는 의자도 책상도 만년필도 텔레비전도, 그것이 완성되기 전에는 누군가의 머릿속에 그려졌던 것이다.

그 의자를 만든 사람은, 만들기 전에 우선 그 의자의 모습을 머릿속으로 그렸던 것이다.

책상도 만년필도 마찬가지이다. 그리고 텔레비전도 우선 그것을 머릿속으로 고안할 수 있었기에 만들어질 수 있었던 것이다.

텔레비전을 만드는 공장의 조직도 마찬가지이다. 그것을 먼저 머릿속으로 고안하지 않았다면 결코 만들어질 수 없는 것이다.

이렇게 생각해 볼 때, 당신의 주위에 존재하는 모든 것은 존재하기 이전에 누군가의 머릿속으로 그려졌던 것들이다.

당신의 존재도 마찬가지이다.

그럼, 지금까지 살아온 당신의 인생은 과연 누가 고안해 냈다고 생각하

는가?

그것은 다름 아닌 당신 자신이다.

당신의 지난 인생 가운데 일어났던, 그리고 미래에 일어날 모든 일들은 당신의 마음속에 그려지는 것들에 따라 만들어지는 것이다.

만일 당신의 마음에 고통·근심·불안·결핍 등으로 가득 차 있어서 당신이 의기 소침해 있다면 그대로 서서히, 그리고 확실하게 당신의 잠재의식에 새겨져 버리는 것이다.

잠재의식은 이 각인된 것을 반드시 실현하고야 마는 성질이 있다.

당신이 잠에서 깨어 있는 동안, 항상 당신은 당신의 인생에 대한 설계도를 머릿속으로 그리고 있는 것이다.

당신이 생각하고 있는 것, 당신이 간직하고 있는 아이디어, 당신이 받아들이고 있는 신념, 당신의 마음속에서 되풀이되고 있는 장면 등이 바로 당신 인생의 설계도인 것이다. 결국, 당신은 순간순간 자기 마음속에 당신의 인생을 설계하는 것이다.

따라서 보다 새롭고 보다 좋은 설계도를 만들어야만 보다 좋은 인생이 눈앞에 펼쳐진다.

이 설계도를 조용한 시간에 잠재의식에 새겨 두자.

그러면 잠재의식이 그 설계도대로 실현시켜 줄 것이다.

'심은 대로 거두리라.'는 성경 구절은 바로 이를 의미한다.

025

마음의 영화를 스스로
각색하고 주연을 맡아라

Joseph Murphy's nomology of good success

당신의 소망을 잠재의식 속에 새겨 두려면 그것을
시각화視覺化하는 일, 즉 그림을 그려보는 것이 효과적이다

잠재의식은 전능全能하지만, 100퍼센트 당신의 의식하는 마음대로 움직이는 수동적인 자세를 취한다.

따라서 당신은 당신 자신의 소망을 잠재의식 속에 잘 불어넣어 주어야 한다.

그럼, 어떻게 하면 멋지게 자기의 소망을 잠재의식 속으로 옮겨 놓을 수 있을까?

우선 당신이 소망하는 바를 시각화하는 것이 효과적이다.

즉, 소망한 바의 모습을 마음속에 그림으로 떠올리는 것이다.

머피 박사는 이를 마음의 영화법映畵法이라고 표현하고 있다.

머피 박사는 미국 중서부의 여러 주州를 돌아다니며 강연을 하곤 했는데, 그곳에 항구적인 장소를 마련하고 싶었다.

그곳을 중심으로 하여 활동하고 싶었던 것이다.

한번 그러한 생각이 들자 좀처럼 그 소망이 그의 머릿속에서 지워지지

않았다.

어느 날 저녁, 그는 강연을 마치고 나서 워싱턴에 있는 스포케인의 한 호텔에 유숙하게 되었다.

그때 그는 소파에 몸을 길게 눕혀 완전히 긴장을 풀었다. 그러고 나서 주의력을 정지시킨 채, 조용하고도 수동적인 기분이 되도록 했다. 그러고는 많은 청중 앞에서 강연하고 있는 정경을 상상했다.

"제가 여기에 오게 된 것을 기쁘게 생각합니다. 저는 이러한 이상적인 기회가 오기를 바라고 있었습니다!"

그는 이렇게 마음의 눈으로 그 상상 속의 청중을 보면서 그것이 전부 실재하고 있는 것처럼 생생한 현실감을 느꼈다.

그는 이 마음의 영화映畵를 스스로 각색하고 그 주연을 맡았던 것이다.

이튿날 아침, 잠에서 깨어난 그는 뭐라고 형언키 어려운 커다란 평온함과 만족감을 맛볼 수 있었다.

그리고 나서 며칠 뒤, 그에게 한 통의 전보가 날아들었다.

그것은 마음의 영화에 비친 것이 실현된 것으로서, 중서부에 항구적인 활동 장소를 제공하겠다는 내용의 전보였다.

머피 박사가 이를 받아들이고 중서부에서도 크게 활약했음은 두 말할 나위도 없다.

026

잠재의식에 조화의 원칙을 세워라

Joseph Murphy's nomology of good success

원망願望을 간단한 문구로 적어 놓고 그것을
자장가처럼 몇 번이고 반복적으로 읊으면 좋다.
이 방법은 실제적으로 훌륭한 성과를 거두고 있다

프랑스의 루소 연구소 교수이자 뉴낸 시市 치료 학교의 연구소장이기도
했던 보드원이라는 사람은 대단한 심리요법가였는데, 그가 만든 보드원법
法의 궁극적인 의미는 이 장의 제목으로 대신할 수 있다.

그는 '잠재의식에 원망願望을 새겨 넣는 가장 좋은 방법으로는 의식하려
는 마음의 노력이 최저한으로 침체된 잠잘 때와 흡사한 상태, 즉 몽롱한 상
태가 되어야 한다.' 고 했다. 이때 수용적인 자세로 조용히 원망하는 바를
머릿속으로 그려야 한다는 것이다.

여기서 보드원법의 특색은, 원망을 기억하기 쉬운 간단한 말로 적어 놓고
자장가처럼 몇 번이고 되풀이하여 읊어 댄다는 점에 있다.

사실, 이것은 훌륭한 성과를 나타냈다.

수년 전, 로스앤젤레스의 한 젊은 여성이 남편의 유산 상속 문제로 골치
아픈 법적 소송 사건에 휘말려 들게 되었다.

그녀의 남편이 세상을 떠나면서 모든 재산을 그녀가 상속받도록 유언했

지만, 이에 불만을 느낀 남편의 본처 아들과 딸들이 유언 무효 소송을 제기했던 것이다. 이때의 형세가 반드시 그녀에게 유리하지만도 않았다.

그녀는 괴로웠다. 그러나 그녀는 보드원법에 따라 팔걸이 의자에 편안히 걸터앉은 다음, 정신이 몽롱해지기를 기다렸다가 자기의 소망을 몇 마디로 간단히 엮어 놓고 그것을 자장가처럼 되풀이하여 읊어 댔다.

"하느님이 만들어 놓은 순리에 따라 이 일은 이미 끝나 버렸다."

그녀는 하루도 빠짐 없이 매일 밤마다 이 말을 되풀이하여 소리를 내어 읊어 댔다.

그런데 140일째가 되던 어느 날 밤, 마음속에 평화가 가득 느껴지면서 온몸에 정적감이 밀려옴을 느낄 수 있었다.

그러한 상태로 그녀는 여느 때처럼 잠을 잤다.

이튿날 아침, 그녀가 잠에서 깨어났을 때 그녀의 마음속에서 '이 일이 이미 끝나 버렸다.'는 확신이 자연스럽게 우러나왔다.

그런데 그날, 그녀의 변호사로부터 전화가 걸려 왔다. 상대 쪽에서 화해를 제의했다는 것이었다. 물론, 소송은 취하되었다.

그녀의 잠재의식을 통해 작용하고 있는 무한한 지성知性이 그녀가 세운 조화의 원칙을 통해 일을 조화로운 해결로 유도해 나갔던 것이다.

027

감사하는 마음은 감응하기 쉽다

Joseph Murphy's nomology of good success

감사하는 마음을 가져라. 그러면 우주의
무한한 부富가 항상 당신 가까이에 있다

성경에서 바울은 '항상 칭찬과 감사하는 마음으로 우리의 요구를 나타내라.'고 권하고 있다.

감사하는 마음은 항상 우주의 창조력에 가까이 있으므로 만능인 잠재의식도 감응하기가 쉽다. 따라서 많은 혜택이 그러한 마음 자세를 갖고 있는 사람들에게로 흘러갈 수밖에 없다.

여기에서 주목해야 할 것은, 혜택을 받은 뒤에 감사하는 게 아니라, 그 혜택이 구체적인 형태로 나타나기 전에 감사해야 한다는 것이다. 사도 바울의 말처럼, '감사하는 마음으로 요구'해야 한다는 것이다.

보로크라는 사람의 경우를 예로 들어 보겠다.

그는 갑자기 직장을 잃게 되어 집에서 쉬고 있었다. 그에게는 어린아이가 딸려 있었는데, 날이 갈수록 빚이 자꾸만 늘어 갔다.

이때 그는 우연히 '감사법'을 배우게 되었고, 그로 인해 마음에 변화가 일어 이 방법을 실행에 옮겨 보기로 마음먹었다.

그는 약 3주일 동안, 매일 아침저녁 규칙적으로 편안하고 평화로운 마음으로 기도했다.

"하느님, 제가 이렇게 부자가 될 수 있게 해 주셔서 감사합니다."

그러는 동안, 정말로 감사하는 마음이 그의 마음을 지배하기 시작했다. 마음속에 근심·공포·빈곤·곤궁 등의 우울한 생각이나 느낌이 들면 곧바로, "하느님, 감사합니다."라는 말을 몇 번이고 중얼거리며, 그러한 어두운 기분이 마음속에 들어오는 것을 막고, 대신에 평화롭고 감사한 기분이 들도록 애썼다.

그 결과, 그는 이 감사하는 기분이 우주 만능의 지성에 도달한다는 사실을 믿게 되었다.

이러한 기도를 3주일 가량 했을 때, 실제로 그에게 감사해야 할 일이 일어났다. 20년 동안이나 만나보지 못했던 옛 고용주를 길에서 우연히 만나게 되었던 것이다.

옛 고용주는 그에게 일자리를 마련해 주었을 뿐만 아니라, 500달러를 미리 가불해 주기까지 했는데, 그는 훗날 그 회사의 부사장직에 오르기까지 했다.

028

원리를 긍정하는 것만으로도
기적을 일으킨다

Joseph Murphy's nomology of good success

원망 願望에 대해 긍정적인
마음을 보내면 기적적인 효과를 얻을 수 있다

수학 문제에는 반드시 정답이 하나이다. 그런데 수학 선생이라면 늘 모두가 경험하듯이, 학생들이 답안지에 쓴 해답은 실로 각양각색이다. 어쩌면 이렇게 여러 가지로 생각할 수 있을까 할 정도로 그들의 답은 천차만별이다.

이처럼 정답은 단 하나뿐인데 오답 誤答은 수없이 많다.

이는 '수학의 원리는 있지만 오답의 원리는 없다.' 라는 말과 같으며, 또 '진리의 원리는 있어도 허위의 원리는 없고, 지성 知性의 원리는 있어도 무지 無知의 원리는 없다.' 는 말과 비교할 수 있다.

사람의 건강도 마찬가지이다. '건강은 하나밖에 없는데 질병의 종류는 무수히 많다.' 는 것은 '수학의 정답은 하나뿐인데 오답의 종류는 무수히 많다.' 는 것과 마찬가지이다.

즉, 건강은 진리인 것이다. 건강은 있는 그대로의 모습이며, 잠재의식은 그러한 건강을 지양하고 있는 것이다.

따라서 이러한 원리를 긍정하는 것만으로도 기적을 일으킬 수가 있다.

머피 박사의 누이동생인 캐서린은 영국에서 담석 제거를 위한 수술을 받게 되었다. 병원에서 엑스레이 등과 같은 갖가지 검사로 그런 진단을 받았던 것이다.

그때, 지리적으로 6,500마일이나 떨어진 곳에 살고 있던 머피 박사는 그녀의 증세라든가 그 밖의 구체적인 것을 생각하지 않고 다음과 같이 '원리를 긍정하는 기도'를 수백 번 드렸다.

"캐서린은 지금 안일하고, 평정하고, 청랑하고, 온화한 기분을 유지하고 있습니다. 그녀의 육체를 창조한 잠재의식의 치유력 있는 지성은 지금 그녀의 잠재의식 속에 놓여 있는 모든 기관의 완전한 형태에 따라 그녀의 몸에 있는 모든 세포와 신경과 조직과 뼈를 변하게 하고 있습니다. 그녀의 잠재의식 속에 있는 그릇된 생각의 형태는 소리 없이 조용히 제거되며 소멸되고 있습니다. 그리고 활력과 건강과 아름다움이 그녀의 모든 신체 원자原子에 나타나는 중입니다……."

그리고 나서 2주 후에 다시 검사해 보니, 완치되어 수술할 필요가 없게 되었던 것이다.

029

치유의 기초는
신념을 바꾸는 데 있다

Joseph Murphy's nomology of good success

현대인이 진실하게 깊이 믿기 위해서는 우선 충분히
이성理性을 납득시키는 것이 중요하다. 그리고 잠재의식은
육체에 있는 모든 기관을 창조했으므로 육체의 모든
장애를 치유하는 방법도 알고 있다.

미개인이나 극히 무식한 사람을 믿게 하기 위해서는 굳이 이유를 붙인
설명이 필요치 않지만, 현대 과학을 알고 있는 사람의 경우 반드시 그 이유
를 설명하지 않으면 안 된다.

이 점에 주목하여 커다란 효과를 얻었던 사람은 미국의 정신요법 분석학
자인 퀸비 박사이다.

그는 지성적인 환자를 치료하고자 할 때, 그 환자와 잠재의식에 관해 철
저히 논쟁하여 잠재의식의 본질을 환자에게 납득시키고 나서 기도에 관해
지도해 주었으며, 환자에게 '모든 치유의 기초는 신념을 바꾸는 데 있다.'고
말하곤 했다.

잠재의식은 사람의 육체에 있는 모든 기관을 창조했으므로 육체에서 일
어나는 모든 장애를 치유하는 방법도 알고 있고, 그 장애를 치유할 수도
있으며, 질병이란 본래 질병으로 가득 찬 불건강한 마음이 그린 그림자에
불과하다.

이 같은 사실을 안다면, 자연과학적 사고思考에 의해 치료를 받은 환자도 우주의 진리를 새로이 깨닫게 되고, 자기가 믿고 기도하는 것이 과학에 반하는 미신이 아님을 알게 된다.

이와 같은 방법을 사용하여 퀸비 박사는, 드러누워 꼼짝도 못 하는 노파를 일어나 걷게 하는 등, 그야말로 놀랄 만한 치유를 실현해 보였던 것이다.

030

자연스럽게 명령만 하라

Joseph Murphy's nomology of good success

간단한 자기 판정만으로도 원망을 실현시킬 수 있다.
무리하게 마음을 긴장시키거나, 마음속에서 망설일 필요가
없으며, 다만 자연스럽게 명령만 하면 원망은 실현된다

우리는 만능萬能인 잠재의식이 자기 편이라는 사실을 깨닫고, 간단히 자기 판단을 하는 것만으로도 자신의 원망을 충분히 실현시킬 수가 있다.

어느 아가씨가, 시도 때도 없이 날마다 전화를 걸어와 데이트를 강요하는가 하면, 직장까지 찾아오는 젊은 남자 때문에 괴로움을 당하고 있었다. 그러나 그 남자와 완전히 손을 끊는다는 것은 거의 불가능한 일이었다.

그러나 그녀는 다행히 머피 박사의 이야기를 들은 적이 있었다.

이를 긍정적으로 생각한 그녀는 자신의 잠재의식에 다음과 같이 명령을 내렸다.

"나는 ○○씨를 신神의 이름으로 해방시켜 주고자 합니다. 그는 언제나 자기가 있어야 할 곳에 있습니다. 따라서 나도 자유롭고 그도 자유롭습니다. 지금 내가 한 말이 무한한 나의 잠재의식 속에 스며들어 현실로 나타나기를 명령합니다."

그 결과, 그 사나이는 두 번 다시 그녀 앞에 나타나지 않았다고 한다.

그녀는 이렇게 말하고 있다.

"마치 대지大地가 그를 삼켜 버린 듯 그가 다시는 내 앞에 나타나지 않았어요."

이 같은 명령을 내릴 때는 망설일 필요가 없다.

당신의 힘으로 행하는 것이 아니기 때문에 무리하게 마음을 긴장시키거나, 마음속에서 이럴까저럴까 망설여서는 안 된다.

지극히 자연스럽게 잠재의식에 대해 명령하면 그만이다.

마치 고급 레스토랑에서 서빙에게, 당연히 내가 요구한 대로 되리라는 확신을 갖고 "제리를 갖다 줘."하는 기분으로 명령하면 된다.

극단적인 예이지만, 감기에 걸렸을 때도, "내일 아침 잠자리에서 일어나기 전에 틀림없이 잠재의식은 나를 건강하게 해 줄 것입니다."라고 말하는 것만으로도 완쾌될 수가 있다.

031

기구祈求를 확실한
믿음으로 시작하라

Joseph Murphy's nomology of good success

자신의 기구한 바를 실현시키려면 우선
자신이 기구한 바의 모습을 머릿속으로 그려 놓고
그것이 실재하고 있다고 실감해야 한다

원망은 다른 말로 기구를 뜻하며, 소원 역시 기도를 뜻한다.

그 기구한 바를 실현시키기 위해서는 우선 자신이 기구한 바의 모습을 눈앞에 그려 놓고 그것이 실재實在하고 있다고 실감하는 것이다.

특히 잠재의식은 그림이 된 기구에 대해서는 더욱 민감하게 잘 받아들인다.

나는 한때 미국에 가기를 열망하는 한 소년을 알고 있었다.

당시에는 오늘날과 같이 해외 여행하기가 쉽지 않았을 뿐만 아니라, 그렇다고 그에 대한 특별한 방법을 가지고 있는 것도 아니었다.

이럴 때 이것저것 생각하면 괜히 피곤해지고 마음만 더 위축될 뿐이다.

이때는 우선, 기구를 받아들여지고 실현된다는 확실한 믿음으로 시작해 보는 것이다.

나는 그 소년에게 물었다.

"어떤 교통 수단으로 미국에 건너가고 싶지?"

그러자 그 소년이 대답했다.

"배편을 이용하는 것이 좋을 것 같아요. 비용도 적게 들고, 낭만적이잖아요?"

그래서 나는 그를 데리고 바닷가로 가서 여객선을 바라보게 했다. 그리고는 그 배에 자기가 타고 있다고 생각하며 그 모습을 머릿속에 그려보라고 했다.

그는 내 말대로, 배에 타고 있는 자신의 모습을 그렸고, 드디어는 그것이 현실로 다가온 것처럼 생생히 느껴진다는 말을 듣기에 이르렀다.

그런 뒤로 그의 머릿속에는 미국으로 가기 위한 방법이 하나하나 떠오르기 시작했던 것이다.

그는 머릿속에 떠오르는 생각들을 하나하나 실행에 옮겼는데, 마침내 미국으로 건너가는 길이 열려 그가 어릴 때부터 품었던 꿈을 실현할 수 있었다.

032

막연한 바람은
결코 이루어지지 않는다

Joseph Murphy's nomology of good success

당신이 바라고 있는 바를 소설이나 영화에서 찾으라.
소설이나 영화는 어느 장면이든 생생하게 그려져 있기 때문에
이것을 응용하면 대단히 큰 효과를 볼 수 있다

당신이 진정으로 바라는 것은 무엇인가?

그것이 확실치 않다면 기구祈求 따위는 아무런 효능이 없다.

실제로 많은 사람들을 상담하다 보면, 자신이 무엇을 원하는지 확실히 깨닫지 못한 사람들이 대부분이다. 그들은 대개 막연히 행복이라든가, 부富라든가, 명성 같은 것을 바라고 있다.

그러나 이처럼 막연한 기구祈求는 현실화될 방법이 없다.

따라서 마음속에 자기의 원망願望을 그려보는 하나의 수단으로 소설이나 영화의 한 장면을 떠올려 볼 것을 권한다. 소설이나 영화는 각 장면이 생생하게 그려져 있기 때문에 이를 응용하면 매우 효과적이다.

나는 수년 전, 여주인공이 여객선을 타고 대서양을 횡단하는 장면을 그린 미국 소설을 읽은 적이 있다. 아직 비행기로 여행객을 실어 나르지 않던 제2차 세계 대전 때의 일이었으므로 그것은 그야말로 낭만적인 한 장면이었다.

나도 그런 여객선을 타고 바다를 여행하고 싶었다. 그래서 눈을 감고 호화로운 여객선에 올라 바다 여행을 떠나는 장면을 상상했다.

그 정경을 마음속에 떠오르게 하는 것은 비교적 간단했다. 그것은 소설 속에 그러한 정경이 자세히 그려져 있었기 때문이었다.

나는 소설 속의 여주인공처럼 호화로운 여객선을 타고 바다를 여행하는 장면을 머릿속으로 그리며 즐거워했는데, 그 모습은 그야말로 눈에 보이는 듯 생생했다. 그러나 당시로써는 내가 호화선豪華船을 타고 대서양을 횡단하는 것이 거의 불가능한 일이었다.

그러나 나는 쾌적한 배 여행을 마음속에 그려 넣었다. 그렇게 되기를 바라서가 아니라 그저 마음속으로 그것을 그리며 즐거워했던 것이다.

그러고 나서 얼마 안 있어 나는 최고속 호화 여객선을 타고 뉴욕으로부터 유럽 대륙을 향해 여행할 기회를 갖게 되었다.

그것은 굉장한 일이었다. 하루에 2회는 풀 코스, 아침 식사 후에는 4, 5 코스였으며, 오후에는 오케스트라가 연주되는 가운데 티 파티가 열렸고, 매일 밤마다 멋진 연회가 베풀어졌다. 그리고 배 안에 있는 풀장에서 수영하는 일은 그야말로 환상적이었다.

나는 그때 소설 속의 주인공보다도 더 쾌적한 바다 여행을 즐길 수 있었다.

033

영화는 대단히 유효한
이미지 제공자이다

Joseph Murphy's nomology of good success

영화는 그 자체가 인생의 축소판이므로 원망願望을
구체적으로 이루는 데 도움이 된다. 직접 두 눈으로 보고
느끼는 사이에 자기 자신도 그렇게 해 보려고 결심하게 되고,
마침내는 그 결심을 훌륭히 이루어 낼 수 있다

옛날에 사람이 세상에 태어나서 뜻을 세운다는 건 정말 어려운 일이었을 것이다. 우물 안 개구리 격으로 자기의 생활권 밖의 것은 볼 수 없었기 때문이다.

영국이 낳은 세계적인 작가 H. G. 웨일즈가 어렸을 때 그의 어머니는 어느 상류 계급 집안의 하녀로 지냈었다.

때문에 웨일즈는 어머니 곁에 있으면서 상류 사회의 생활 모습을 낱낱이 관찰할 수 있었다.

그는 자기도 이 다음에 크면 그러한 생활을 해 보리라 결심했고, 마침내는 그 결심을 훌륭히 이루어 냈다.

그가 상류 사회의 생활 모습을 직접 두 눈으로 볼 수 없었더라면 아마 그러한 꿈을 갖지도 못했을 것이고, 따라서 화려한 삶을 살 수도 없었을 것이다.

오늘날 우리의 생활이 이처럼 향상된 것은 텔레비전의 역할이 상당히 크

다고 할 수 있다. 텔레비전을 통해 타인의 생활을 엿보면서 사람들은 마음속으로 '나도 한번 저렇게 살아 봐야겠다'는 의식을 갖게 되었기에 오늘날과 같은 질 높은 삶을 살 수 있게 되었다고 생각한다.

텔레비전에서 보았던 연예인의 옷차림·머리 스타일 등이 금세 유행하는 걸 보더라도 이를 실감할 수 있다.

영화는 인생의 축소판이라고 할 수 있다. 따라서 같은 목적을 지닌 사람들에게는 대단히 유효한 이미지 제공자가 된다.

예컨대, 한때 평판이 자자했던 영화 〈마이 페어 레이디〉를 한 소녀가 보았다고 하자. 자기도 영화 속에 나오는 소녀 '에라이저'처럼 좀더 세련되고 싶은 충동을 느끼게 될 것이고, 드디어는 그렇게 되고자 결심을 다질 수도 있을 것이다.

영화 속에 나오는 에라이저의 세련된 모습은 '말'을 올바르게 쓰는 데에 있다. 그렇다면 그 소녀도 에라이저처럼 우아하고 예절 바른 말을 쓰려고 노력할 것이다. 그러다 보면 자신도 영화 속의 소녀 에라이저 못지않은 세련된 소녀로 변해 갈 것이고.

영화 한 편을 보고 이러한 것을 터득했다면 크나큰 행운이 아닐 수 없다.

또 어느 남학생이 그 영화를 보고 나서 영화 속에 나오는 히긴즈 교수와 같은 훌륭한 서재를 가진 학자가 되려고 결심했다고 하자. 이때 천장까지 닿는 책장 옆에서 자신이 공부하고 있는 장면을 머릿속으로 그리기란 그리 어렵지 않을 것이다. 영화 속에 나오는 것을 직접 자신의 눈으로 보았기 때문이다.

이처럼 영화는 그 자체가 인생의 축소판이라 할 수 있으므로 원망願望을 구체적으로 이루는 데 도움이 된다.

034

부정적인 생각은
신체에 이상을 초래한다

Joseph Murphy's nomology of good success

'병은 마음에서 온다'는 말이 있다. 이처럼 의식하는 마음이
부정적이면 건강한 육체에 병을 얻을 수 있다

단세포 동물은 기관器官이 없으면서도 운동·영양 섭취·동화 작용·배설 등을 하고 있는데, 이로써 단세포 동물에도 그러한 행위를 일으키는 정신적 작용·반작용이 있음을 확인할 수 있다.

인간의 눈·귀·심장·간장·방광·세포의 조직을 보면, 집단적 지성을 지닌 세포로 구성되어 있고, 그 집단의 지성에 의하여 협력하고, 의식하는 마음으로부터의 명령을 실행하고 있다.

개개의 세포나 기관은 신경 쓰지 않고 내버려두어도 질서 있게 작용하는 지성의 지배하에 있지만, 좋지 않은 길을 만나면 의식하는 마음이 시종 외관外觀이나 오관五官의 판단에 의해 개입되고, 그릇된 신념으로부터 공포 등을 끌어들여 이들을 혼란시킨다.

잠재의식 속에 공포라든가 그릇된 신념, 부정적인 것들이 들어가게 되면, 완전히 수동적으로 움직이는 잠재의식으로서는 자기에게 부여된 설계도의 지시대로 실행할 수밖에 없다.

예컨대, 민감한 사람이 음식을 먹고 나서, '혹시 배탈이 나는 것은 아닐까?'하고 의심하는 것만으로도 정말 배탈이 날 수 있다는 것이다.

그만큼 의식하는 마음의 부정적인 생각은 잠재의식의 활동을 좋지 않은 곳으로 흘러가게 만든다.

질투·두려움·걱정·불안과 같은 생각들은 진경이나 내분비선에 이상을 초래한다.

내가 알고 있는 사람 가운데 생선회만 먹으면 곧장 배탈이 나는 사람이 있다. 그런데도 그는 생선회를 자주 먹는다. 그런 뒤에는 어김없이 약을 복용한다. 그럴 정도로 그는 생선회를 좋아한다.

어느 날, 내가 그와 함께 생선회를 먹게 되었을 때, 나는 그에게 이렇게 말했다.

"나도 생선회만 먹으면 뱃속이 안 좋아져서 이렇게 약을 먹지."

그러고는 독일제 약을 입 속에 털어넣으면서 그에게도 주었다.

그 약을 먹고 난 그는 이튿날 아무렇지도 않다고 말했다.

그러나 사실 그 약은 위장약과는 아무 관계도 없는 구취제에 불과했다.

'병은 마음에서 온다.'는 말이 있듯이, 잠재의식은 걱정이라는 '의식하는 마음'에 의해 지배되고 있는 것이다.

035

긍정적인 사고는 불치병도 이긴다

Joseph Murphy's nomology of good success

몸의 세포는 11개월에 한 번씩 모두 바뀐다.
생각을 바꾸면 몸도 1년 이내에 변화시킬 수 있다

의학에 의하면, 인간의 세포는 11개월에 한 번씩 바뀐다고 한다.

그러므로 육체적 견지에서 본다면 당신도 생후 11개월에 불과하며, 또 11개월 후에는 다시 '부활'하는 셈이다.

따라서 걱정이나 질투 등으로 몸의 균형이 깨져 병에 걸리게 된다면, 당신의 의식하는 마음의 책임이라고 할 수 있다.

머피 박사는 포트씨병척추결핵에 걸린 인디애나폴리스 시市의 앤드류스 소년에 관하여 놀랄 만한 예를 들고 있다.

이 소년은 의사로부터 불치병이라는 진단을 받았는데, 그는 하루에도 몇 번씩, "나는 건강하며, 부모의 사랑 안에 있고, 가정이 화목해 행복하다."라는 말을 되풀이했다.

그는 밤에 잠들기 전에, 아침에 잠자리에서 일어났을 때, 맨 처음으로 이 말부터 입에 올렸다.

자기의 질병에 대한 공포라든가 증오, 또는 건강한 사람에 대한 질투나 부러움이 마음속에 떠올랐을 때 그는 곧 부정하였다. 이처럼 그는 사랑과 건강을 위해 마음을 썼다.

그의 몸을 만든 만능의 잠재의식은 드디어 그의 습관적인 생각에 응하여, 결국 그의 의식하는 마음이 만든 설계도에 따라 소년의 몸은 완치되었던 것이다.

이와 같이 겁 많은 소년은 어느새 튼튼하고 나무랄 데 없는 청년이 되었다.

036

잠재의식 속에는
조화의 원리가 숨어 있다

Joseph Murphy's nomology of good success

잠재의식에는 조화의 선천적 원리가 내재되어 있으므로
건강한 것이 정상이다. 따라서 몸의 모든 질병은
잠재의식에 의해 정상으로 되돌아올 수 있다

심한 눈병에 걸린 한 청년이 있었다. 의사는 그에게 수술을 권했는데, 머피 박사의 강연을 듣고 난 청년은 수술을 포기하고 머피 박사의 강연 내용을 실행에 옮기기로 마음먹었다.

'내 잠재의식이 내 눈을 만들었다면, 그 잠재의식이 내 눈병을 고칠 수 있는 것은 당연하지 않은가.'

이렇게 생각한 그는 매일 밤 잠자기 전에 몽롱하고 희미한 명상 상태에 떨어졌을 때 안과 의사가 자기 눈을 검사하면서 "기적이 일어났다!"고 말하는 정경을 마음속으로 상상했다. 그는 매일 밤 취침 전 약 5분 가량 그 광경을 몇 번이고 생생하게 상상하곤 했다.

그러고 나서 약 3주일 후, 그는 전에 자기의 눈을 검사해 주었던 안과 의사를 찾아가 다시 검사를 받았다.

그의 눈을 검사한 의사의 눈이 휘둥그래졌다.

"이건 정말이지 기적이군!"

그 청년이 마음속으로 생각했던 것이 기적처럼 현실로 나타났다.

어떻게 이런 일이 일어날 수 있는가?

그 청년의 잠재의식이 그의 눈을 만들었다면, 그 속에는 당연히 완전한 원형原型이 있을 것이다. 그가 한 일이란, 잠재의식을 움직여 그 원형대로 작동케 한 것밖에 없다.

반복과 신념과 기대를 가지고, 자기 담당 의사가 "이것은 기적이다!"라고 말하는 정경을 마음속에 형상화한 결과, 정말로 그것이 눈앞에 현실로 나타나게 되었던 것이다.

이처럼 잠재의식은 그림으로 그려진 원망願望에 대해서는 특히 반응을 잘 일으킨다. 원래 잠재의식 속에는 조화의 선천적 원리가 내재되어 있으므로 건강한 것이 정상이다. 따라서 불건강한 상태에 있는 몸의 모든 질병은 잠재의식에 의해 다시 정상으로 되돌아올 수 있다.

037

당신 안에는 최고의 해결사가 있다

Joseph Murphy's nomology of good success

무엇을 기구할 때에는 다른 생각을 하지 말아야 한다.
다른 생각을 하면 마음이 흐트러지기 때문이다

원망願望을 실현시키고 싶을 때 '어떻게 하면 원망을 실현시킬 수 있을까?' 하고 여러 가지로 마음을 쓰는 것은 좋지 않다. 의식하는 마음의 지성知性을 작용시켜도 좋지 않다. 아주 편안하고 자유로운 상태에서, 마치 천진난만한 어린아이처럼 자신의 바라는 바가 꼭 이루어질 것이라고 믿어야만 한다.

보일러가 고장 나자 주인은 수리공을 불러 보일러를 고치게 했다.

보일러를 고치고 나서 수리공이 200달러를 청구하자 주인은 어디가 고장 났느냐고 물었다.

수리공이 대답했다.

"볼트가 하나 고장 나서 갈아 끼웠습니다."

그러자 주인이 기가 막히다는 듯이 따지고 들었다.

"아니, 볼트 한 개를 갈아 끼우는 데 200달러씩이나 한단 말이오?"

보일러 수리공이 대답했다.

"볼트 값은 5센트이고, 나머지 199달러 95센트는 고장 난 곳을 찾은 값입니다."

당신의 잠재의식은 이 보일러 수리공 이상으로 당신의 육체에 있는 모든 기관의 고장 난 곳을 고칠 수 있는 방법을 알고 있다.

더군다나 그 보수비는 한 푼도 들지 않는다.

당신이 이 숙련공에게 위의 집주인처럼 어디가 고장 났는지를 일일이 물어보지 않아도 되고, 더욱이 그것을 고치는 방법에 대해 걱정할 필요도 없다.

당신은 잠재의식이라는 최고의 숙련공을 몸 안에 지니고 있다. 따라서 당신은 숙련공을 믿고 일의 결과만 확인하면 된다.

이때 중요한 것은 평온한 마음가짐이다.

괜히 숙련공에게 이것저것 세세한 것까지 간섭하면 오히려 혼동을 일으켜 일을 그르칠 수가 있다. 일일이 '콩 놔라 팥 놔라' 하며 걱정을 끼치면 잠재의식은 그 능력을 충분히 발휘할 수 없게 된다.

당신의 문제가 건강에 관한 것이든, 돈에 관한 것이든, 직장에 관한 것이든 간에 당신이 할 일은, 그 문제가 잘 해결되었다고 미리 실감하는 것뿐이다.

이것은 당신이 모든 것을 잠재의식에게 진실로 믿고 맡겼다는 증거이기도 하다. 이때 비로소 당신의 잠재의식을 실력 발휘를 할 수 있게 된다.

038

부유한 마음이 부富를 끌어들인다

Joseph Murphy's nomology of good success

번영·부富·성공 등에 관한 생각을 잠재의식 속에 예금해 두라.
그러면 잠재의식은 당신에게 이자까지 되돌려 줄 것이다

이마에 비지땀을 흘리며 열심히 일한다고 해서 반드시 부자가 되는 것은 아니다.

당신 주위에는 일주일에 단 몇 시간 동안 일하는 것만으로 수많은 돈을 버는 사람이 있을 것이다. 또 반면에, 죽어라고 일만 하는데도 가난에서 벗어나지 못하는 사람도 있을 것이다.

자기가 가장 하고 싶은 일을 하면서 돈이 마구 굴러들어오는 것이야말로 가장 이상적인 것이 아니겠는가.

머피 박사가 알고 있는 사람 가운데 1년 수입이 5억 원이나 되는 사람이 있었다. 그는 로스앤젤레스의 어느 회사 중역으로서 1년에 한 번씩 배船로 세계 일주 여행을 떠난다고 했다.

그 사람의 말에 의하면, 자기 회사에서 주급 25만 원쯤 받고 있는 사람들이 일에 관해서는 자기보다 많이 알고 있으며, 또 관리 면에서도 훨씬 뛰어나지만, 그들은 잠재의식의 경이驚異에 대해 관심이 없으므로 훌륭한 아이디어를 이용할 줄 모른다는 것이다.

이에 반하여 이 사람은 잠재의식에 다음과 같이 불어넣는다고 말했다.

"나는 많은 급료를 받고 종종 세계 여행을 떠나는 인간이다."

잠재의식은 일단 받아들여진 생각은 반드시 구체적으로 실현시키는 힘을 갖고 있다. 이러한 감정이 마음 깊숙한 곳에서 솟아오르고 있다면, 그것이 당신을 풍요한 사람으로 만들어 줄 것이다. 다시 말해, 부유한 마음이 부富를 끌어들인다는 것이다.

당신이 부자가 되고 싶다면, 부에 대한 당신의 의식을 성장시켜야 한다. 이 일을 한시도 잊어선 안 된다.

노력하지 않고 부유한 생활을 누려 보자. 사실, 당신은 분투할 필요도, 노예처럼 일할 필요도 없다.

039

마음속에서
결코 거짓말을 하지 말라

Joseph Murphy's nomology of good success

"나는 부자다."라고 여러 번 반복하여 말한다고 해서
부자가 되는 건 아니다. 먼저 마음속으로 자신에게
거짓말을 하지 않는 공부를 해야 한다

"몇 주일이고 몇 달이고 '나는 부자다.' '나는 번영하고 있다.'라고 말했지만 아무 일도 일어나지 않았다."라거나, "'나는 죽을 때까지 번영하고 있다.'고 긍정했으나 사태는 오히려 악화되었다."라고 말하는 사람이 있다.

왜 이런 일이 일어나는가?

이런한 사람의 경우를 자세히 살펴보면, 예외 없이 자기의 마음 한구석에 조금이라도 이 말을 부정하는 마음이 섞여 있었음을 알 수 있을 것이다.

다시 강조하지만, 잠재의식은 진실한 것만을 받아들인다.

"나는 억만장자다."

아무리 이렇게 말해 봤자, 마음속으로, '그렇지만 난 가난해.' 라고 생각했다면, 잠재의식은 입으로 말하는 쪽이 아니라 마음으로 생각한 것을 실현해 버린다.

그러므로 죽을 때까지 "나는 번영하고 있다."고 말하면서도 실제로는 더 악화되는 사람이 있는 것이다.

그럼 어떻게 하면 좋을까?

우선 마음속에서 결코 거짓말을 하지 않는 공부를 해야 한다.

그 한 방법으로 현재진행형을 사용해 보라.

말하자면, 어려운 상태에 처해 있는 사람이 "나는 번영하고 있다."고 말해 보았자 그건 거짓말이 되므로, "내가 처해 있는 모든 분야에서 나는 밤낮으로 번영해 가고 있다."고 말하는 것이다.

그러면 이것은 장래에 관한 일이므로 거짓말이라는 기분이 들지 않게 된다.

이와 같은 진행형을 마음이 편안할 때, 잠들기 전에, 아침에 깨어났을 때, 다른 생각 없이 편안한 기분으로 되풀이하여 말해 보자. 그러면 잠재의식도 아무런 저항 없이 받아들이게 될 것이다.

040

간단한 말 한 마디의 위력

Joseph Murphy's nomology of good success

어려움에 처했을 때는 걱정하기보다 조용히 번영의
간단한 기구 祈求 를 잠재의식에 불어넣는 것이 좋다

한 실업가가 머피 박사를 찾아와서 자신의 고민을 털어놓았다.

상품의 매출 부진으로 인해 경영상태가 악화하였다는 것이다.

머피 박사는 그의 말을 듣고 나서 이렇게 권했다.

"사무실 의자에 앉아서 차분히 마음을 가라앉히고 '매출이 날마다 잘되
어 나간다.'를 몇 번이고 되풀이하여 말하십시오."

그는 머피 박사의 말을 실행에 옮겼다. 그리고 이 간단한 말을 '의식하는
마음'과 '잠재의식'이 서로 협력하도록 했다.

그러자 얼마 안 있어서 그가 기도했던 말이 현실로 나타났다.

"그렇게 간단한 말 한 마디로 세상일이 잘 되어 나간다면 이 세상에 고
생하는 사람이 누가 있겠어?"

이렇게 말하는 사람도 이 세상에는 많을 것이다.

이와 같이 생각하는 사람들이 많기 때문에 세상에는 어려움 속에서 번
민하고 있는 사람들이 많은 것이다.

당신은 진실로 성공한 사람과 직접 만나서 대화를 나눠 본 적이 있는가? 그렇다면 그들로부터 무엇을 느꼈는가?

그런 사람들에게는 한결같이 공통점이 있음을 발견할 수 있다. 즉, 그들은 놀랄 만큼 간단한 기구법祈求法을 알고 있다는 것이다.

그들은 늘 마음속으로 이렇게 외치고 있다.

"내가 지금 하고 있는 일은 순조롭게 진행되고 있다."

이런 사람들은 어려운 장벽에 부딪쳐도 마음의 편안함을 잃지 않는다. 그들은 자기가 하는 모든 일이 순조롭게 진행되어 가고 있다는 깊은 신념을 갖고 있기 때문에 머릿속에 훌륭한 생각들이 떠오르며, 또한 그때그때 기회에 알맞은 일이 일어나기도 한다.

이에 반하여 성공하지 못한 사람들의 경우, 모든 기회를 그대로 지나쳐 버린다. 겉으로는 나타나지 않더라도 마음 속은 그야말로 혼란 바로 그것이다. 이런 가운데 어두운 쪽만을 향해 그들의 상상은 줄달음질치고 있는 것이다.

이렇게 되면 잠재의식은 자꾸 그런 어두운 느낌만을 받아들이게 되고, 마침내는 그가 걱정했던 것과 같은 일들이 현실로 나타나게 되는 것이다.

041

현재진행형으로 표현하라

Joseph Murphy's nomology of good success

부富를 잠재의식 속에 심으려면 부富나 성공을
나타내는 단어를 되풀이하여 말하는 것이 좋다

"나는 부자다!"

이렇게 말해도 실제로는 자신이 가난하다고 느낀다면, 그 마음속에 도사
리고 있는 느낌이 잠재의식에 각인되어질 위험이 있다.

따라서 현재 진행형으로, "나는 부자가 되어 가고 있다."라고 표현하는
것이 보다 안전하다.

또 한 가지 간단한 방법은 부에 대한 단어를 반복적으로 말하는 것이다.
예컨대, '부富, 부유, 풍요로운 나' 등과 같이 당신이 좋아하는 부에 관한 단
어라든가, 혹은 '성공, 달성'이라는 단어이면 충분하다.

이러한 단어들에는 보통 사람들이 알지 못하는 무서운 힘이 깃들여 있
다. 모두가 잠재의식에 스며드는 힘을 가지고 있는 단어들이기 때문이다.

당신은 자기의 강력한 이 내적인 힘에 대해 자신의 마음을 연결시켜야만
한다. 그렇게만 된다면, 이와 같은 단어의 본질이나 성질에 알맞은 상태나
환경이 당신의 생활 속에 나타나게 된다.

"나는 부자다!"

이렇게 무리하게 억지로 마음속에 생각하려고 하지 말라. 만일 이 말을 마음속에서 받아들이지 못하면 그것은 거짓이 되고, 그렇게 되면 앞장에서 말했던 것처럼 "사실 나는 가난한데."라는 마음이 잠재의식에 새겨져 오히려 역효과가 날 수도 있기 때문이다.

따라서 오직 당신의 내적인 참된 힘에 그런 생각이 스며들게 해야 한다. 예컨대, '부富'라고 말할 때 그것은 단어에 불과하므로 거짓이 아닌 참으로 받아들이게 된다. 결국, 마음속에는 아무런 갈등도 일어나지 않는다.

그렇기 때문에 이러한 '부'나 '풍요한 나'라는 생각에 잠겨 있게 되면 참된 마음의 깊숙한 곳으로부터 부에 대한 감정이 솟구치게 된다.

그러면 만능의 잠재의식은 당신의 마음 바탕인 감정에 반드시 반응을 일으키게 되고, 마침내 잠재의식은 그러한 상황을 실제로 당신의 주위에 만들어 내게 되는 것이다.

부에 대한 참된 감정은 당신을 부자가 되게 만든다.

이러한 감정을 24시간 계속 가질 수만 있다면…….

042

질투하는 감정은 가난을 만든다

Joseph Murphy's nomology of good success

질투는 당신이 부유해지는 것을 방해하는 가장 큰 적이다.
그것은 부에 대해 마음속으로 부정적인 감정을 품고 있다는
셈이 되며, 그렇게 되면 잠재의식이 질투를 단순히
부정적인 감정으로 받아들이게 되기 때문이다

'사촌이 땅을 사면 배아프다.' 라는 속담이 있다.

이처럼 질투하는 감정을 갖고 있으면 가난을 불러오는 꼴이 된다.

한 예를 들어 보면, 자기의 주위 사람이 자기보다 월급이 많다든가 하면 괜히 그를 시기하고 헐뜯는 경우를 종종 볼 수 있는데, 이것이 바로 질투이다.

이러한 질투를 품고 있는 한 그 사람은 부유해질 수 없다.

왜냐 하면 타인의 부를 당신이 질투한다는 것은 부에 대하여 마음속으로 부정적인 감정을 품고 있다는 것이고, 그렇게 되면 잠재의식이 질투를 단순한 부정적인 감정으로 받아들이게 되기 때문이다.

당신의 '의식하는 마음'이 부정하는 것은 '잠재의식'도 부정하여 그것을 받아들이지 않게 된다.

따라서 당신이 타인의 부를 질투하는 한 부는 절대 당신에게로 흘러 들어오지 않으며, 당신을 지나치게 된다.

나는 한때 공사판에서 가난한 사람들과 함께 일한 적이 있는데, 그들이

갖고 있는 가장 지배적인 감정은 바로 이 질투였다. 그들은 자기들의 동료 가운데서 조금이라도 돈의 사정이 좋아졌다든가, 출세한 사람에게 철저히 악담을 해 대며 질투하고 있었다.

또 형제 중에서 자기보다 좀 나은 생활을 하고 있으면 남들 앞에서 질투와 악담을 늘어놓는 것이 보통이었다.

반면에, 형제 중에서 좀 나은 생활을 하고 있는 사람은 자기보다 못한 형제를 도와주고 우애를 나누며 살아가지만, 그런 사람들도 자기의 동료가 자기보다 조금이라도 잘되면 역시 질투 섞인 악담을 늘어놓는 것이 대부분이었다.

나는 그후, 중류층 사람들이나 부유한 계층에 속하는 사람들도 알고 지내게 되었는데, 남의 잘된 이야기를 듣고 기뻐하는 기질의 사람이 그들 가운데 많다는 사실을 발견했다.

모두가 그런 건 아니겠지만, 가난한 사람들은 자기보다 못한 처지에 있는 사람들에 대해서는 동정심이 강하지만, 자기보다 생활이 나아진 사람에 대해서는 반감이 강한 편이다.

이에 비해, 부유한 사람은 동정심이 강하기도 하지만, 타인의 성공을 기뻐하는 경향이 크다고 말할 수 있다.

당신이 동정심이 강한 사람이 되는 것은 좋지만, 당신보다 한결 나은 생활을 하고 있는 사람에게 반감을 갖는다는 것은 당신의 부를 가로막는 일이 된다는 사실을 명심해야 할 것이다.

043

다른 사람의 행운을 축복해 주어라

Joseph Murphy's nomology of good success

다른 사람이 잘되는 것을 기쁜 마음으로 바라보면
자신에게도 부가 돌아온다

자기가 가난이나 난관에 처했을 때 누군가가 부자가 되었다는 소식을 듣는다든가, 만사를 잘 처리해 나가는 사람을 보게 되면 질투하는 수가 있는데, 이는 부나 행운 자체에 대하여 부정적인 감정을 갖게 되어 잠재의식에 각인됨으로써 당신에게서 부나 행운이 떨어져 나가게 된다.

따라서 누군가가 거부가 되었다는 것을 알고 나서 질투하는 마음이 솟구치면 곧 이를 뿌리치고 이렇게 말해 보라.

"그와 그의 부에 대해 진심으로 축하한다."

즉, 그 사람의 부에 대해 당신도 기뻐하라는 것이다.

그러면 당신의 의식하는 마음이 부나 행운을 긍정하는 것이 되고 이것이 잠재의식에 받아들여지게 되어, 결국 당신에게도 그 사람과 같은 부나 행운이 오게 된다.

그러나 축복만으로 마음에 차지 않으면, 거기에 덧붙여서 자기 자신을 위해 빌어도 좋다.

"그와 그의 부에 대해 진심으로 축하를 보낸다. 그리고 나에게도 그러한 부와 행운이 꼭 다가올 것이다."

내가 알고 있는 친구 중에 주식으로 돈을 벌었던 사람이 있다.

그는 마음속으로 항상 이렇게 기구했다 한다.

"다른 사람들에게도 행운이 있기를⋯⋯. 다만, 난 다른 사람들보다 좀 더 좋아지기를 바란다."

여기에 부정적인 말과 생각이 조금도 포함되지 않았다.

이러한 사람이 잘되는 것은 당연한 일이다.

'사람을 저주하면 물항아리에 구멍이 두 개 뚫리게 된다.' 라는 속담이 있는데, 이 말은 잠재의식의 법칙을 잘 나타내고 있다.

강조하지만, 다른 사람의 행운을 질투하지 말고 반드시 축복해 주어라. 이는 바로 당신 자신에게로 행운을 끌어들이는 것이 되기 때문이다.

044

자신의 행복을 먼저 꿈꾸며 살아라

Joseph Murphy's nomology of good success

'부자가 되는 건 내 권리'라고 마음속으로 단언해 보라.
그러면 잠재의식이 그 단언에 보답할 것이다

당신은 부자가 될 권리가 있다. 당신은 충분한 생활을 누리고, 행복에 가득 찬 자유로운 생활을 하기 위해 이 세상에 태어났다. 따라서 부유하고 행복한 생활을 하는 데 필요한 충분한 돈을 가질 수 있다.

신은 잠재의식을 신이라고 불러도 좋다 이 우주를 창조했다. 그것은 무한한 부富를 의미한다. 그것과 똑같은 신, 또는 잠재의식에 의해 태어난 당신이 빈곤에 시달려야만 할 까닭은 없다.

당신은 자신을 아름다움과 호화로운 것으로 감싸둬야만 한다. 풍요로운 생활을 누리고 싶다는 당신의 욕망은 더욱 충실하고, 더욱 행복하고, 더 훌륭한 생활을 누리고 싶다는 원망願望인 까닭에 우주적 조화에 바탕을 둔 요구이다.

내가 알고 있는 한 자매가 있었다.

언니는 마음이 선량하고 남을 위해 희생할 줄 아는 타입이었지만 화를 잘 내는 편이었고, 동생은 한 마디로 말해 영리한 이기주의자였다. 그래서 동생은 늘 머릿속으로 자신만을 생각하곤 했다.

"나는 행복해야만 해. 멋진 결혼을 해서 부자가 되어야지."

그러나 언니는 동생과는 달리 오직 부모님만을 위해 일했다.

동생은 화려한 옷차림으로 놀러다니기를 좋아했는데, 언니는 이런 동생을 못마땅해했다.

그후 두 사람의 운명은 과히 주목할 만하다.

마음씨 착한 언니에게는 행복한 일이라곤 조금도 찾아오지 않았다. 뿐만 아니라 끝내는 암이라는 무서운 병에 걸리기까지 했다.

반면에, 언제나 마음속으로 좋은 것만 생각하며 살던 동생은 좋은 신랑감을 만나 행복한 결혼을 하였다.

도덕적으로 생각한다면 언니는 효녀이고, 동생은 자기밖에 모르는 이기주의자이다.

그러나 결과는 어떠했는가?

언니는 불행하게 되었고, 동생은 행복한 삶을 살게 되었다.

그렇다고 자신밖에 모르는 이기주의자가 되라는 것은 아니다. 적어도 자신의 행복을 꿈꾸며 사는 사람이 되라는 것이다. 그래야만 보다 행복한 삶을 살게 된다.

045

당신이 가난하다면
어딘가 잘못되었다

Joseph Murphy's nomology of good success

가난은 미덕이 아니다. 그것은 오히려 일종의 병일 뿐이다. 생명의
원리는 풍요로움을 지향하고 있다는 사실을 잊어서는 안 된다

만일 당신이 병에 걸렸다면, 당신의 몸 어딘가가 잘못된 것이므로 그것을
고치기 위해 약국이나 병원을 찾아가게 될 것이다.

이와 마찬가지로, 만일 당신이 남보다 가난한 생활을 한다면, 어딘가 당
신에게 근본적으로 잘못된 곳이 있음을 알아야 한다.

당신의 내적인 생명 원리는 본래보다 더욱 풍부한 생활을 지향하고 있다.

따라서 가난은 이와 같은 생명의 본래 욕구에 어긋나는 것이다.

당신은 보잘것없이 살고, 누더기 옷을 입고, 허기진 배를 움켜쥐며 살려
고 이 세상에 태어난 것이 아니다. 보다 행복하고, 보다 부유하며, 보다 성
공적인 삶을 살기 위해 이 세상에 태어난 것이다.

그런데도 모든 종교나 철학은 오늘날까지도 가난을 미덕처럼 여기고
있다.

개인이 부유하게 살 권리가 없는 경우는 세계에서 극히 한정적이다. 폭정
暴政이나 전제주의 국가 등과 같이 개인의 가치를 존중하지 않는 체제하에

서는 그것이 불가능하다. 개인이 부유해지는 것을 제도상으로 억제하기 때문이다.

그와 같은 사회에서는 폭정이나 독재를 하는 입장에 서지 않고서는 혼자만 부유한 생활을 누릴 수 없다. 따라서 독재자의 입장에 서지 않은 다른 많은 사람들은 어쩔 수 없이 가난을 선택할 수밖에 없다.

그러나 우리가 살고 있는 이 사회는 독재자나 폭군이 아니더라도 부유하고 행복할 수 있는 충분한 자유와 권리가 보장되어 있다.

생명의 원리를 인간 쪽에서 조정해 오던 시대에 은자隱者 등이 어쩔 수 없이 만들어 낸 가치관에 의해 현대를 살아가는 당신이 좌우된다는 것은 현명한 일이 못 된다. 생명의 원리는 풍요로움을 지향하고 있다는 것을 잠시도 잊지 말자.

가난은 생명 원리의 작용 부족일 뿐, 언제나 있어야 할 성질의 것은 아니다.

046

돈은 몸 속의 혈액과 같다

Joseph Murphy's nomology of good success

절대로 돈에 대해 악담을 하지 말라. 돈에 대해
악담을 하면, 돈이 당신의 호주머니에서 뛰쳐나간다

돈에 대한 좋지 못한 사고방식이나 미신을 당신의 마음 밖으로 전부 쫓
아내 버리지 않으면 안 된다.

즉, '돈은 나쁜 거야.' 라든가, '돈은 더러운 거야.' 라는 생각은 절대 금물
이다. 이렇게 마음속으로 비난하면 언젠가는 그것을 잃게 된다는 사실을
잊어서는 안 된다.

많은 사람들이 가난에서 벗어날 수 없는 이유 중 하나는, 그들이 마음속
으로, 혹은 입으로 돈에 대해 악담을 하고 있기 때문이다. 그러한 사람들
은 돈에 대하여 '더러운 돈'이라든가, '돈을 사랑하는 것은 죄악의 근원'이
라고들 말하고 있다.

그러나 돈은 당신에게 필요한 물건과 교환할 수 있고, 따라서 당신을 결
핍으로부터 자유롭게 하고, 아름다움과 호화로움 그리고 풍요함과 세련됨
을 갖게 하는 고마운 물건이다.

혈액이 당신의 몸을 자유로이 순환하고 있을 때 당신이 건강한 것처럼,

돈이 당신의 생활 속에서 자유로이 순환될 때 당신은 경제적으로 건강한 것이다.

국가에 있어서도 마찬가지이다. 국가를 구성하고 있는 국민 각자에게 그 돈이 충분히 순환될 때 그 국가는 건강한 것이다. 그 순환이 순조롭지 못할 때 국가는 그야말로 병든 상태에 놓여진다.

그러므로 나쁜 것은 '돈이 순환되고 있지 않은 상태'이지, 결코 돈 자체가 나쁜 것은 절대 아니다.

돈은 몇 세기 동안 교환 수단으로서 갖가지 형태를 취해 왔다. 물론 아름다운 조가비나 구슬·장식품 등이 돈의 구실을 하던 시대도 있었다. 그리고 부가, 소유하고 있는 양이나 소·쌀가마니 수에 의해 결정되던 시대도 있었다. 그리고 금이나 은으로 결정되던 시대도 있었다.

그러나 오늘날에는 화폐나 수표, 또는 유통 증권 등을 사용하고 있다. 물건 값을 지불할 때, 소나 양을 데리고 온다거나 쌀가마니를 등에 짊어지고 와서 치르는 것보다, 돈이나 수표를 사용하면 훨씬 편리하기 때문이다.

그런데 무엇 대문에 이 유용한 돈에 대해 그처럼 쓸데없는 악담을 해 대는가? 오히려 돈에 대해 고마워해야 할 일이다.

다시 한 번 강조하지만, 돈에 대해 악담을 하면 반드시 당신의 호주머니가 가벼워진다는 사실을 명심하기 바란다.

047

돈에 대한 노이로제에서 벗어나라

Joseph Murphy's nomology of good success

돈을 저주하는 사람은 불火을 저주하는 사람과 같다.
불은 그 사용처에 따라 나빠질 수도, 유용할 수도 있다

"나는 망했어! 정말이지, 돈을 저주해! 돈은 이 세상 모든 악惡의 근원이
야!"

세상에는 이렇게 말하는 사람들이 많다.

그러나 이러한 생각은 잘못된 것이다.

"불이 나서 모든 것이 타 버렸어! 정말이지, 나는 불을 저주해! 불은 비
참의 근원이야!"

누군가가 당신에게 이렇게 말했다면, 당신은 아마 '저 사람, 머리가 좀 어
떻게 된 것 아닌가?' 하고 생각할 것이다.

불은 그 자체가 나쁜 것이 아니다.

추운 겨울철에 우리가 따뜻하게 지낼 수 있는 것도, 또한 요리를 해 먹
을 수 있는 것도 다 불 덕분이기 때문이다.

불과 마찬가지로 돈은 필요한 물건과 교환할 수 있는 참으로 편리한 것
이다. 그런데 그것을 저주한다는 것은 돈에 대한 노이로제 증세라고밖에는

달리 생각할 수 없다.

"돈을 저축하는 일에만 전념해야지. 다른 일은 어떻게 되든 내가 알 바 아니야."

이렇게 생각한다면 돈을 벌고 재산을 모을 수 있다.

그러나 그 일을 이루고 났을 때, 당신은 당신이 바랐던 것은 돈 그 자체만이 아니었음을 깨닫게 될 것이다.

그 돈으로 자기가 지니고 있는 재능을 멋지게 표현하고, 세상에서 명예를 누리고, 타인의 행복과 성공을 위해 공헌하는 기쁨도 함께 누릴 수 있다는 사실을 깨닫게 될 것이다.

이처럼 돈은 자신이 하고 싶은 일을 하는 하나의 '수단'일 뿐, 그 자체가 '목적'이 아니라는 것을 알게 될 것이다. 그러나 이 '수단'은 필요한 것이며, 오늘날에 있어서도 돈 없이는 살아갈 수가 없다.

따라서 잠재의식의 법칙을 잘 이용하여 몇 억 원이든 수중에 넣어 보자.

그 풍요로운 '수단'을 이용하여 마음의 평화와 몸의 완전한 건강, 그리고 다른 사람과 자기 자신의 행복을 위해 활동해 보자.

삶이 한층 더 즐거워질 것이다.

048

잠재의식에 부富를 불어넣는 방법

Joseph Murphy's nomology of good success

부富의 상징인 돈이 풍부하게 당신의 생활 속에 순환하고
있음을 믿고 긍정하라. 그러면 당신은 그 어떤 사태가
발생하더라도 자연스럽게 부의 공급을 받게 된다

자기의 잠재의식에 관해 깨달으면 정신적인 부와 금전적인 부를 함께 누
릴 수 있다.

당신이 머피 법칙을 연구하고 있다면, 주위의 상황과 환경경제적인 상황, 주
식 시장의 경기, 스트라이크, 경쟁 등등에 관계 없이 당신은 항상 풍부한 부를 공
급받을 수 있다.

당신이 자신의 잠재의식에 부富에 관한 생각을 불어넣기만 하면 그 모든
것은 자연히 순조롭게 극복되기 때문이다.

잠재의식은 당신이 어디에 있고 어느 상황에 처해 있든 간에 상관하지
않고 당신이 소원한 바를 이루어 준다.

잠재의식의 능력에 대해 잘 알고 있는 사람은, 돈이 항상 자기의 생활 속
을 자유로이 흐르고 있으며, 언제든지 남아돌 정도로 여유가 있다는 것을
마음속으로 확신한다.

그렇게 된다면, 만일 오늘날 국가의 경제 정책이 실패하고, 제1차 세계 대

전 후에 독일 마르크가 그랬던 것처럼 화폐가 쓸모없게 되는 사태가 일어 난다고 하더라도, 당신은 자연스럽게 부富의 공급을 받을 수 있다.

여기서 돈이 점점 당신에게로 흘러 들어올 수 있게 하는 간단한 방법을 소개하겠다.

몸과 마음이 편안할 때, 다음과 같은 말을 하루에 몇 번씩 천천히 반복 해 보자.

"나는 돈을 좋아한다. 나는 돈을 사랑한다. 나는 돈을 현명하고 건설적 으로, 그리고 조심스럽게 쓴다. 내가 이 돈을 기꺼이 쓰지만, 그것은 나중 에 몇 배로 불어나 나한테로 되돌아온다. 돈은 좋은 것이다. 실로 좋은 것 이다. 돈은 내게로 풍부하게 흘러 들어오고 있다. 나는 그 돈을 좋은 일에 만 쓴다. 나는 나의 이익과 내 마음의 부富에 대해 감사를 드린다."

이러한 내용의 기도를 얼마 동안 되풀이하다 보면, 당신의 생활은 마법 에 걸린 듯 풍부하게 될 것이다.

049

필요한 것을
자신에게 끌어들이는 방법

Joseph Murphy's nomology of good success

마음속에서 결과를 볼 수 있다면, 잠재의식은 그것이
무엇이든 반드시 그대로 실현시키는 능력을 갖추고 있다

오스트레일리아를 여행하고 있을 때 머피 박사는 의사가 되고 싶어하는
한 소년을 만났다.

머피 박사는 그 소년이 소질도 있고 성격도 좋아 훌륭한 의사가 될 수
있겠다고 생각하여 그를 도와주기로 마음먹었다.

그러나 머피 박사는 장학금과 같은 돈으로 돕지 않고 돈과 같은 것, 즉
필요한 것을 자기에게 끌어들이는 방법을 그에게 가르쳐 주었다.

그때 그 소년은 병원 진찰실에서 청소부로 일하고 있었다. 머피 박사는
그 소년이 하는 일로 보아, 그가 의학 공부를 할 수 있도록 학비를 대 줄
돈 많은 친척이나 아는 사람이 없을 것 같아 이렇게 말했다.

"땅에 뿌려진 씨앗은 자신에게 필요한 것을 모두 받아들여 싹을 틔우고
성장하게 되어 있다. 너도 식물의 씨앗으로부터 교훈을 얻고, 네가 지금 필
요한 것을 너의 잠재의식 속에 뿌려 주어라. 그러면 너의 생각은 대우주로
부터 필요한 것을 받아들여 반드시 실현하게 될 것이다."

이 말을 듣고 나서 그 소년은, 벽에 걸려 있는 의사 면허증에 커다란 글씨로 자기 이름이 씌어져 있는 것을 매일 밤 잠들기 전에 마음속에 그려 보았다. 그리고 자기의 진찰실에서 그 면허증이 들어 있는 액자의 유리를 닦고 있는 자기의 모습을 마음속으로 생생히 그려 보았다.

약 4개월 동안, 그 소년은 매일 밤 이와 같은 광경을 똑같이 마음속으로 그려 보았다.

그 결과, 소년에게 분명한 결실이 나타났다.

평소 소년을 몹시 마음에 들어하던 그 병원의 의사 한 명이 그에게 기구 소독법이라든가 피하주사 방법, 응급 치료 방법 등을 가르쳐 주기 시작했다. 그러고는 자기 병원의 전문 조수로 고용해 주었을 뿐만 아니라, 마침내 그 소년을 의과대학에 입학시켜 주기까지 했다.

그는 현재 캐나다 몬트리올에서 병원을 운영하고 있는데, 진찰실에 걸려 있는 자신의 의사 면허증을 쳐다보면서 이렇게 말했다.

"저 면허증은 몇 년 전 내가 오스트레일리아에서 수없이 보아 왔던 것이지요."

그의 입가에 흐뭇한 미소가 가득했다.

050

작용과 반작용의 법칙

Joseph Murphy's nomology of good success

자신이 몸담고 있는 직장을 비난하면 잠재의식이
그 조직과의 유대를 끊는다. 따라서 승진 기회가 막히거나
파면당할 수 있어 앞길이 암담하게 될 수가 있다

직장에서 일하고 있는 사람이, 노력에 비해 자신의 급료가 형편없다느니,
자신의 능력을 인정해 주지 않는다느니 하면서 불평한다면, 그 사람은 잠
재의식적으로 자기의 회사 조직간의 유대를 끊는 것이 된다.

그 사람은 하나의 법칙, 즉 조직에 대한 불만을 끊임없이 잠재의식 속에
심어주고 있으므로, 결국에는 상사로부터 "자네는 이 회사를 그만둬야겠어!"
라는 말을 듣게 될 것이다.

뿐만 아니라 파면당한다거나 승진이 막혀 앞길이 암담하게 될 수도 있
다. 이때 파면시키거나 승진을 중단시킨 상사는 그 사람의 부정적인 마음
상태를 확인한 도구에 불과하다.

잠재의식 속에서 '작용과 반작용의 법칙'이 지배하고 있으며, 이 얘기는
그 한 보기이다. 여기서 '작용'이란 그 사람이 생각하고 있는 것을 말하며,
'반작용'이란 그 사람의 잠재의식의 반응을 뜻한다.

그렇다면 회사에 불만이 있을 때 어떻게 하면 좋을까?

우선 당신의 정직한 감정을 잘 살펴보라.

당신이 그 조직체의 어느 위치, 또는 어떠한 지위에 있게 된다면, 지금 그야말로 보람을 느낄 수 있을 것인가를 생각해 보는 것이다.

위치가 정해졌다면, 그 위치에서 자기가 활약하고 있는 모습을 눈앞에 그려 보도록 하자. 그리고 그 일을 훌륭하게 마치고 나서 주위 사람들로부터 축복받고 있는 모습을 그려보자.

적어도 하루에 아침저녁으로 두 번씩 그러한 '마음의 그림'을 그려야 한다. 몸이 편안한 상태가 되는 잠잘 때와 잠에서 막 깨어났을 때가 가장 좋다.

물리物理의 법칙과 같이 반드시 그 효과는 나타날 것이다.

051

희망은 크게 가질수록 좋다

Joseph Murphy's nomology of good success

간신히 살아갈 정도의 적은 돈을 소원하지 말고, 자신이
하고 싶은 일을 모두 할 수 있을 만큼 많은 돈을 소원하라

다시 한 번 말하지만, 당신의 잠재의식은 무한한 부(富)와 연결되고 있다는 사실을 잊어선 안 된다.

당신의 잠재의식 속에는 무한한 부가 존재하므로 당신이 어떠한 부를 희망하든 상관이 없다.

당신이 셋방살이를 하고 있다고 가정해 보자.

그러면 당신은 그 상황에서 무엇을 소원하게 될까?

"작더라도 내 집이 있었으면……." 하고 생각하면서 20~30평짜리 건물을 머릿속에 그리지는 않을까?

그러나 이렇게 작은 것을 생각지 말고, 몸과 마음을 편안히 하고 천천히 풍요로운 상상을 해 보자.

만일 그럴 듯한 집 모양이 그려지지 않으면 주택에 관한 잡지를 보거나 잘사는 동네를 거닐며 당신의 마음에 드는 집을 골라 그 모양을 머릿속에 그려 보는 것이다.

그곳에서 당신의 아내나 남편이 생활하는 모습을, 그리고 당신의 아이들이 뛰어노는 모습을 생생하게 그리는 것이다.

이와 같은 상상을 반복적으로 그리는 동안, 당신이 이상理想으로 삼고 있는 이미지가 잠재의식 속에 자리잡게 될 것이다.

그런 뒤 늦어도 수년이 지나면 그런 집에 자신이 살고 있음을 깨닫고 놀라게 될 것이다.

지상 50미터 전방의 땅에 앉아 있는 참새나 50미터 전방의 나무 위에 앉아 있는 참새를 잡는 것은 똑같이 어렵다. 바닥에 앉아 있으니까 잡기 쉽고 나무 위에 앉아 있으니까 어렵다고는 할 수 없다. 위치를 따지기 전에 참새는 본래 날쌔기 때문이다.

마찬가지로, 당신의 소망을 이루는 데 있어서 잠재의식은 그 집이 작고 보잘것없는 것이든 크고 호화스러운 집이든 소망을 실현하는 관점에서는 차이가 없다.

희망을 크게 가지도록 하라. 상식에 벗어나는 일 같지만, 큰 집을 갖는 어려움이나 작은 집을 갖는 어려움은 잠재의식에 있어서 똑같기 때문이다.

052

목적물을 분명하게 상상하라

Joseph Murphy's nomology of good success

성공한 사업가란, 자기의 사업 계획이
성공적으로 완성된 모습을 볼 수 있는 사람이다

석유왕 흐라글러는, "성공의 비결은 자신의 계획이 완성된 모습을 얼마나 볼 수 있느냐에 있다."라고 말한 바 있다.

그의 경우, 눈을 감고 거대한 석유 사업을 상상하면서 기차가 철길을 달리는 모습을 보며, 기적 소리가 나는 것을 듣고, 연기를 보았던 것이다.

자기의 소원한 바가 달성됨을 생생하게 보고 실감하게 되었을 때 비로소 그의 잠재의식이 그것을 실현시켜 주었던 것이다.

목적물을 분명하게 상상하게 되면, 기적을 일으키는 잠재의식의 힘에 의해 필요한 것들을 지급받게 된다.

당신이 알고 있는 유명한 실업가들, 혹은 그다지 유명하지 않은 사람이라 할지라도 사업에 성공한 사람들을 보면, 모두가 전부터 자신이 사업에 성공한 모습을 머릿속으로 그려내어, 그것이 실현하고 있는 광경을 잠재의식에 불어넣었던 사람들이다. 그리고 자신이 머릿속에 그렸던 모습을 향해 나아갔던 사람들이다.

또한, 아무리 위대한 학자라 할지라도 한때는 허드렛일을 하는 조수 생활을 하던 시절이 있었을 것이다. 박사가 될 정도의 사람이라면 본래 머리는 좀 좋았을 것이고, 그러다 보니 다른 좋은 분야로부터 여러 가지 유혹의 손길이 있었을 법도 한데, 기꺼이 싼 급료를 받고 의식衣食을 절제하면서 책을 읽는 까닭은 무엇일까?

그러한 사람들에겐, 자기가 위대한 학자의 모습으로 연구실에 앉아서 연구하고 있다거나, 학생에게 강의하고 있는 미래의 모습이 눈에 생생하게 보이기 때문이다. 혹은 자기가 연구한 것이 책이나 잡지에 실림으로써 같은 학문을 하는 사람들에게 읽히고 인정받게될 경우에 느끼는 기쁨을 생생하게 느낄 수 있기 때문이다.

이처럼 어떤 분야에서든 성공한 사람들은 하나같이 자신의 성공한 모습을 활동 사진처럼 보고 느꼈다는 것을 잊지 말아야 한다.

053

성공한 모습을 그리면
반드시 성공할 수 있다

Joseph Murphy's nomology of good success

스크린에 자신의 모습이 크게 반영되는 광경을
꿈꾸지 않고 영화 배우가 된 사람은 없다

머피 박사가 알고 있는 한 영화 배우는 이렇게 말했다.

"나는 거의 교육을 받지 못했지만, 어린 시절부터 영화 배우로 성공하는
것을 꿈꾸며 살아왔습니다. 들판에서 풀을 베고 있을 때도, 소에게 풀을
뜯기고 집으로 돌아올 때도, 또는 우유를 짜고 있을 때도 큰 극장에 내 이
름이 커다랗게 써 붙여진 모습을 끊임없이 상상했습니다. 나는 수년간 이
런 상상을 계속했습니다. 그리고 마침내는 집에서 뛰쳐나와 버렸지요. 처
음에는 나는 엑스트라 일을 맡았습니다. 그러다가 나중에 내가 소년 시절
에 꿈꾸었던 바가 실현되는 날이 오고야 말았습니다. 마침내 내 이름이 극
장에 크게 붙여지게 되었지요. 내가 영화의 주인공이었으니까요. 그래서
나는 마음속으로 자신의 성공한 모습을 그리면 반드시 성공할 수 있다고
생각합니다."

그러나 독자들 중에는 이의를 제기하는 사람들도 있을 것이다.

"전국적으로 볼 때 배우를 동경하는 젊은 남녀들이 산처럼 많을 텐데,

당신 말대로라면 그들이 모두 배우가 되어야 하지 않습니까? 그런데도 그들 가운데 배우가 되지 못하는 사람이 많다는 것은 이상하지 않습니까?'라고 말이다.

그러나 유감스럽게도 그것은 조금도 이상한 일이 아니다.

장기간에 걸쳐 자기가 성공한 모습을 상상하는 사람은 의외로 적기 때문이다. 이 배우는 시골에서 뛰쳐나오기까지 수년 동안 거의 한 순간도 자기가 성공해 있는 모습을 상상해 보지 않은 일이 없었다. 그리고 엑스트라가 된 후에도 상당히 오랫동안 자기의 성공상을 그려보지 않은 적이 없었던 것이다.

세상은 경쟁이 심하다. 때문에 반드시 자신의 경쟁사가 실패하기를 비는 마음이 나오게 마련이다. 그러다 보면 그러한 실패를 비는 마음이 자기의 성공을 비는 마음보다 훨씬 강할 수가 있다.

그러나 이처럼 타인이 실패하기를 바라는 마음은 잠재의식에 대해 자기가 실패하기를 비는 것과 같은 결과를 가져오게 된다.

잠재의식은 '누가 실패하는가'라는 것은 모른다. 요컨대, 그저 실패상과 실패감이 각인될 뿐이다. 따라서 그 결과는 타인이 아닌 자신에게로 돌아오게 된다.

054

상상하는 만큼 꿈은 이루어진다

Joseph Murphy's nomology of good success

당신의 원망願望 수준을 올려 잡으라. 그러면
그만큼 당신이 믿는 바와 같이 이루어진다

오랜 전의 일이지만, 머피 박사는 1주일에 40달러의 고정 급료와 매상에 대한 이익 배당을 받고 있는 한 젊은 약사를 알고 있었는데, 그는 머피 박사에게 이렇게 말했다.

"여기서는 25년간 근무하면 퇴직하게 됩니다. 물론 그때는 퇴직금도 받게 되지요."

이 말을 듣고 나서 머피 박사는 이렇게 말했다.

"왜 자신이 직접 약국을 경영하려고 하지 않습니까? 이 약국에서 나가십시오. 당신의 원망願望 수준을 높이시오. 그리고 당신의 아드님에 대해 꿈을 가지십시오. 지금 아드님은 의사가 되려고 생각할지도 모르며, 그러기 위해선 당신의 급료로선 충분히 공부시킬 수 없을 겁니다."

그러자 그는 이렇게 말했다.

"저에겐 약국을 낼 만한 돈이 없습니다."

이때 머피 박사는 만능인 잠재의식에 관해 설명하고, 잠재의식 속에 어떤 생각을 불어넣을 수 있다면 잠재의식은 그 생각을 어떻게 해서든지 실현시켜 준다는 것을 깨닫게 했다.

약사는 그때부터 약국에 앉아 있는 자신의 모습을 상상하기 시작했다. 마음속으로 자신의 약국에서 약병을 나란히 놓기도 하고, 조제하기도 하고, 몇 명의 점원이 손님의 용건을 듣는 모습을 상상하기도 했다. 그리고 은행에 많은 돈을 예금해 두는 것도 상상했다.

남의 약국에서 주급을 받고 일하면서도 그의 상상하는 마음은 언제나 자신의 약국에서 일하고 있었다. 그러면서 그는 자신의 약국에서 익숙한 솜씨로 모든 것을 훌륭하게 처리해 나가는 모습을 상상했다. 상상을 하면서 행동하게 되면 그 상상 속의 인간이 되는 것이 바로 잠재의식의 법칙이다.

얼마 후에 약사는 사표를 제출하고 새로운 체인 스토어에 취직하게 되었다.

그곳에서 그는 지배인이 되었고, 얼마 안 있어 그 지역 일대를 책임 지는 지배인으로 발탁되어 전보다 많은 주급을 받게 되었다.

자신의 위치가 어디쯤에 놓여 있는지를 깨달았을 때, 그의 통장에는 이미 자기의 약국을 차릴 수 있을 만큼의 돈이 예금되어 있었다.

그는 자신이 희망했던 대로 대형 약국을 커다랗게 차렸다. 그리고 그 이름을 〈희망 약국〉이라고 지었다.

그가 마음속으로 상상하던 바가 현실로 나타났던 것이다.

055

마음의 대화법이야말로
성공의 열쇠다

Joseph Murphy's nomology of good success

잠재의식을 작용시키는 유일한 방법은, 마음속으로
대화하는 정경을 그려보는 것이다. 정경은 될 수 있는 한
현실적이면서도 생생하게 상상하는 것이 좋다.

독일의 대문호 괴테도 어려운 일이나 곤란한 일에 부딪치게 되면 조용히
마음속으로 상상하며 대화했다고 한다.

즉, 뭔가 자신이 문제에 부딪쳤을 때 자기의 현명한 친구가 보통때와 같
이 변함없는 태도와 말로 그 문제에 대한 적절한 해결책을 알려 주는 것을
상상했던 것이다.

괴테는 이러한 모든 정경은 될 수 있는 한 현실적으로, 또 생생하게 상상
했다고 한다.

이 말을 들은 한 젊은 증권업자가 곧 그 방법을 증권 판매에 응용해 보
았다.

그는 억만장자인 은행가를 잘 알고 있었는데, 언젠가 그로부터 좋은 주
株를 사 주었다며 칭찬을 받은 일이 있었다.

그래서 그는 이 은행가와의 마음의 대화, 상상 속의 회화를 주저 없이 했
으며, 그 사람으로부터 칭찬받는 것 같은 상상을 마음의 그림으로 그렸다.

이 젊은 증권업자는, 마음의 대화법이야말로 자신의 손님들을 위해 건전한 투자를 권유하는 그의 목적에 잘 맞음을 깨달았다. 그의 인생에 있어서 주요 목적은 자기의 손님들로 하여금 돈을 벌 수 있도록 해 주는 일, 즉 손님들이 자신의 권유에 따라 금전적으로 풍요로워지는 것을 보는 일이었기 때문이다.

그는 지금도 역시 자기 일에 관해서 '대화법에 의한 잠재의식'을 이용하고 있다. 이와 같은 방법으로 자기의 손님들에게 막대한 이익을 주었을 뿐만 아니라, 당연한 일이지만, 증권 세일즈맨으로서 빛나는 성공을 거두어 본인도 역시 억만장자가 되었다.

056

잠재의식은 결코 잊는 일이 없다

Joseph Murphy's nomology of good success

잠재의식의 활용법을 알면 열등생도 우등생이 될 수 있다.
왜냐 하면 잠재의식은 기억의 보고寶庫이기 때문이다

청소년들이 공부하는 데 있어서 어려움을 느낀다거나, 성적이 좋지 않는 것은 단순히 지능의 문제가 아니다. 즉, 조발성早發性 천치가 전혀 아닌 까닭에 잠재의식의 힘을 이용하면 이 문제를 쉽고 간단히 해결할 수 있다.

머피 박사가 알고 있는 한 고등학생은 자신의 성적과 기억력이 좋지 않은 데 대해 몹시 고민하고 있었다.

그래서 머피 박사는 그에게 잠재의식에 관한 몇 개의 진리를 하루에 몇 번이든 긍정하도록 가르쳐 주었다. 그리고 특히 잠재의식을 작용시키려면 잠들기 전과 아침에 잠에서 깨어났을 때 하는 것이 제일 좋다고 가르쳐 주었다.

그 뒤로 이 학생이 긍정하는 마음을 잠재의식 속에 불어넣은 내용은 다음과 같다.

"나는 내 잠재의식이 기억의 창고라는 것을 안다. 나는 책을 읽거나 선생님께로부터 들은 바를 모두 머릿속에 기억해 둔다. 난 완전한 기억을 갖

고 있다. 그리고 나의 잠재의식 속에 있는 무한한 지성知性은 어떤 시험일

지라도 필기 시험이든 면접이든 내가 기억해야만 하는 모든 것을 나에게 시사

해 준다. 나는 모든 선생님과 친구들에게 사랑과 선의善意를 베푼다. 나는

마음속으로 그들에게 좋은 결과가 나타나기를 진심으로 바란다."

이러한 그의 기구祈求가 잠재의식에 침투됨으로써 기억력은 강해지고, 또

선생님이나 친구들과의 사이도 더욱 좋아지게 되었으며, 시험에서 전 과목

만점이라는 기록을 세우게 되었다고 한다.

우리는 가끔 사물에 대해 잊을 때가 있다.

그런데 그 잊혀졌던 것이 어느 날 갑자기 생각나기도 한다.

그렇다면 그 잊혀졌던 것이 어디에 숨어 있다가 다시 나타나는 것일까?

그것은 바로 잠재의식 속에 숨어 있었던 것이다.

잠재의식은 그 어떤 것이라도 잊는 일이 없다.

오직 의식하는 마음에 그것을 나타내기가 힘들 따름이다.

057

밖으로 드러난 일은
마음 속을 비쳐내는 거울이다

Joseph Murphy's nomology of good success

잠재의식이 만인에게 공통된 것임을 알게 되면,
상품의 매매를 성사시키는 데 있어서도
그 도움이 예상치도 않았던 방법으로 나타난다

당신이 주택을 팔려고 할 때, 어떻게 하면 좋은 매수자買受者를 찾을 수
있을까?

여기에 대한 답변으로, 머피 박사가 직접 경험했던 체험담을 소개한다.

미국의 경우, 주택을 사는 쪽보다 파는 쪽이 더 어려운 입장에 놓이곤 한
다. 머피 박사는 '집 사실 분을 찾습니다'라고 쓰인 푯말을 자기 집 앞의 잔
디밭에 세워 놓았다.

그리고 이튿날 저녁 잠들기 전에 조용히 눈을 감고, "이 집이 팔리면 어
떻게 할까?" 하고 마음속으로 생각했다.

그러고는 스스로 이렇게 대답했다.

"나는 저 푯말을 뽑아 차고 속에 집어던질 거야. 이렇게 말이야."

그러고는 그 푯말을 잔디밭에서 뽑아내어 어깨에 메고 가서 차고에 던저
버리는 모습을 상상했다. 그러면서 차고에 던져진 푯말을 향해 자신이 다
음과 같이 말하는 것을 상상했다.

"이제 이 푯말은 필요 없게 되었구나!"

머피 박사는 이렇게 해서 모든 일이 끝나 버렸음을 실감하게 되었고, 그 일에 관해 내적으로 만족감을 가졌다.

다음 날 오후, 한 사람이 머피 박사를 찾아와 1천 달러를 내놓으며 집을 흥정했는데, 그 결과, 머피 박사에게 유리한 쪽으로 거래가 성사되었다.

미국에서 주택을 판다는 것은 그리 쉬운 일이 아니다. 싼값으로 내놓아도 매수인이 쉽게 나타나지 않는 형편이다. 때문에 주택을 내놓고 나서 그 이튿날 곧바로 팔린다는 것은 기적에 가까운 일이다.

이 만족할 만한 매매 계약을 마치고 나서 머피 박사는 예의 푯말을 빼어 들고 차고로 가져갔다. 외계外界의 행위가 마음의 행위와 일치하는 순간이다.

이것은 그리 새로운 일이 아니다. 단지, 바랐던 마음이 밖으로 실현된 것이다. 즉, 잠재의식에 새겨진 그림이 '생활'이라고 하는 객관적인 외계의 영사막映寫幕에 비쳐졌을 뿐이다.

외계의 일은 마음 속을 비쳐내는 거울이다.

다시 말해, 밖으로 나타나는 행위는 안으로 행해지는 행위에 따라 일어나는 것이다.

058

당신이나 만인萬人의
뿌리는 서로 통한다

Joseph Murphy's nomology of good success

당신이 구하고 있는 것을 다른 사람도 동시에
구하고 있다는 사실을 결코 잊지 말아야 한다

주택·토지·자동차 등을 팔고자 할 때는 천천히, 그리고 조용하게 실감實感하면서 다음과 같이 긍정해 보라.

"잠재의식의 무한한 지성은 이 주택을 욕심내는 매수자를 나한테 이끌어 준다. 이 매수자는 절대 오류를 범하지 않는 내 잠재의식의 창조적인 지성에 의해 내 주택을 사려고 한다. 그는 내 주택 외에도 많은 주택을 돌아보겠지만, 그가 사고자 하는 것은 오직 내 주택뿐이다. 이는 그의 내적인 무한한 지성이 그를 인도하기 때문이다. 나는 그 매수자의 생각이 내 생각과 비슷하며, 따라서 매매 조건도 서로 비슷하게 생각하고 있다는 것을 알고 있다. 내 심층에서부터 잠재의식은 비로소 작용하기 시작하고, 그 사람의 잠재의식 또한 나와 함께 작용하고 있다고 믿는다. 우리 두 사람의 잠재의식은 신神이 만든 질서에 따라 똑같이 작용하고 있음을 확신한다."

당신이 구하고 있는 것을 다른 사람도 동시에 구하고 있다는 사실을 결코 잊어서는 안 된다.

당신이 주택이라든가, 그 밖의 재산을 팔고 싶을 때는 항상 누군가가 그 물건을 욕심 내고 있게 마련이다.

당신 내부에 있는 잠재의식의 힘을 올바르게 사용함으로써 매매할 때 일어나는 경쟁 의식이라든가, 염려하고 두려워하는 생각들은 몽땅 마음속에서 몰아낼 수 있다.

한 번 이러한 방법으로 성공하게 되면, 그후부터는 더욱 성공하가 쉬워진다.

머피 박사가 자기 주택을 팔고자 했는데, 그 이튿날 곧바로 매수자가 나타났던 것은 그 좋은 예이다.

059

상징적인 상황을
그려 보고 승부하라

Joseph Murphy's nomology of good success

문제 해결을 위해서는 마음속으로 뭔가 해결을
상징하는 것을 생각하라. 그러면 마법 같은 효과를 거둘 수 있다

내가 알고 있는 어떤 사람이 토지를 빌려 교외에 살고 있었다.

그는 그 토지를 양도받고 싶은 생각에 오래 전부터 지주와 교섭해 보았지만, 지주가 그의 말을 들어 주지 않아 문제가 좀처럼 진척되지 않았다.

그의 말을 듣고 나서 나는 그에게 이렇게 말해 주었다.

"그 토지가 당신의 소유가 되었다고 하는, 뭔가 상징적인 상황을 머릿속에 떠올려 보십시오."

그러고 나서 나는 머피 박사가 자기 주택을 팔았을 때의 이야기를 그에게 들려주었다.

내 말을 듣고 나서 그는 잠재의식의 법칙을 이용하여 다음과 같이 머릿속에 그려 보았다고 한다.

"이 토지는 멀지 않아 내 것이 될 것이다. 나의 토지에서 승리의 깃발이 높다랗게 휘날릴 것이다."

그는 이 같은 상황을 매일 밤 잠들기 전에, 혹은 아침에 깨어났을 때 마

음속으로 그리며 소리를 내어 말했던 것이다.

토지에 꽂아놓은 깃발이 높이 휘날리는 모습을 상상하는 자체가 잠재의식을 작동시키는 데 도움이 되었던 것이다.

그 결과, 멀지 않아 지주는 그의 조건을 모두 받아들여 여름까지 모든 수속을 끝내게 되었다. 물론, 그 토지는 그의 소유가 되었다.

060

마음속으로 실감하라

Joseph Murphy's nomology of good success

자동차가 갖고 싶으면 남의 자동차에 올라
내 것이라고 실감實感하라. 그러면 잠재의식은
그것을 실행으로 옮겨 줄 것이다

머피 박사의 강연에 빠지지 않고 출석하는 젊은 부인이 있었다.

그 부인은 세 번씩이나 버스를 갈아타야 하기 때문에 강연을 들으러 오는 데 1시간 반이나 걸렸다.

그 부인은 머피 박사에게 다음과 같은 강의를 들은 적이 있었다.

"자동차를 무척이나 갖고 싶어하는 한 청년이 있었습니다. 그래서 그는 자기가 갖고 싶어하는 종류의 자동차에 오를 때마다 '이것은 내 것이다.' 하고 마음속으로 실감했지요. 그 결과, 그 실감이 잠재의식에 받아들여져 그는 그와 같은 종류의 자동차를 얻을 수가 있었지요."

그 부인은 자신도 이것을 실행해 보기로 했다.

처음부터 원망願望 수준을 높이 갖는 것이 좋다는 이야기를 머피 박사로부터 들은 적이 있는 그 부인은 캐딜락을 시운전 할 수 있는 전시장으로 나갔다.

자동차 판매원이 동승하여 운전을 해 보이고 나서 그녀에게도 수마일 운전해 보도록 했다.

부인은 운전석에 앉아 자동차를 운전하면서 "이 캐딜락은 내 것이다."라고 몇 번이고 마음속으로 반복해 말하면서 그것을 실감했다.

그후에도 부인은, 자신이 캐딜락을 타고 운전하며 차내 장식 등에 골몰해 있는 모습을 2주일 이상 쉬지 않고 그려 보았다.

그러던 중 뉴저지에 살던 그녀의 백부가 세상을 떠났는데, 그는 그녀에게 자신이 타고 다니던 캐딜락과 부동산 일체를 물려주었다.

그래서 그녀는 머피 박사의 강연에 캐딜락을 타고 출석했다.

이러한 사실을 우연이라고 생각하는가? 만일 그렇다면, 당신은 잠재의식의 본질에 관해 처음부터 다시 배워 둘 필요가 있다.

061

'성공'이라는 말을 되풀이하라

Joseph Murphy's nomology of good success

성공한 실업가는 '성공'이라는 추상적인 단어를
지속적으로 되풀이한 사람이다. 지속된 상상력의 힘은
잠재의식의 기적과도 같은 힘을 이끌어 낸다

하루에 '성공'이라는 추상적인 단어를 몇 번이고 조용히 되풀이 말함으로써 드디어 '성공'은 자기의 것이라는 확신에 도달하고, 이로 인하여 대실업가가 된 사람이 많다.

그러한 사람들은 자기의 잠재의식 속에 성공이라는 생각과 성공에 필요한 일체의 요소가 포함되어 있다는 것을 알고 있다.

따라서 당신도 이들처럼 오늘 밤부터라도 자신에게 신념과 확신으로 '성공'이라는 말을 되풀이하여 보라.

그러면 당신의 잠재의식은 그것을 받아들여 당신을 '성공'으로 이끌어 준다.

자신의 주관적인 신념·인상·확신을 마음속으로 지속해 갈 때, 그것이 객관적·구체적으로 표현되지 않을 수 없다는 것을 잠시라도 잊어선 안 된다.

당신은 반드시 자신의 가정 생활이나 사회 생활, 교우 관계·경제 관계 등에 있어서 꼭 성공한 사람이 되기를 바라고 있을 것이다. 그리고 아름다운 가정에서 쾌적하고 행복하게 생활하기에 충분한 돈을 갖고 싶어할 것이다. 이것도 어떤 의미에서는 실업가라고 할 수 있다.

자기가 좋아하는 일을 하고, 욕심 나는 것을 갖고, 성공한 실업가가 되어 보자.

그러기 위해서는 상상력을 풍부하게 갖고, 마음속으로 자신의 성공을 실감하는 것을 습관화시켜야 한다.

매일 밤, 성공감에 젖어 만족한 상태로 잠들게 된다면, 성공에 관한 생각을 잠재의식에 심어 줄 수 있다.

자기는 성공하기 위해 태어났다는 것을 상상하고, 또 그렇게 느끼도록 하자.

그러면 반드시 당신이 기원하는 것과 똑같은 기적이 당신에게 일어나게 된다.

062

잠자는 동안에도
잠재의식은 활동한다

Joseph Murphy's nomology of good success

잠재의식은 노력하는 자에게 전광電光과도 같은 해답을
제시해 준다. 그 해답은 '의식하는 마음'을 통해 제시하고 있다

잠재의식은 '의식하는 마음'의 생각을 모두 받아들이고, 잠자고 있는 동안에도 쉴새없이 24시간 작용한다.

과학자가 위대한 발명이나 발견을 해내는 것도 이 잠재의식의 도움을 받는 경우가 많다.

'의식하는 마음'으로 해결할 수 없는 것들은 잠재의식에 돌려 주라. 그러면 잠재의식은 지금까지의 '의식하는 마음'으로부터 받았던 정보를 잘 엮어서 빛나는 해답을 제시해 준다.

유명한 화학자 프리드리히 폰 쉬트라드니츠도 잠재의식을 이용하여 획기적인 화학의 진보에 공헌했다.

그는 벤진benzine의 화학식인 6개 탄소와 6개 수소의 배치를 교환하기 위해 참으로 오랫동안 열심히 노력했지만, 미궁에 빠져 그것을 해결하지 못했다.

그는 피로한 나머지 그 문제를 모두 잠재의식에 인도해 버렸다.

그러고 나서 얼마 안 되어 그가 런던에서 버스를 타려고 했을 때, 갑자기 머릿속에 뱀이 자신의 꼬리를 물고 빙빙 도는 광경이 떠올랐다.

이 잠재의식으로부터 나온 해답에 의해 그는 드디어 원자原子를 환상環狀으로 배열한다고 하는, 오랫동안 갈구했던 해답을 얻게 되었다.

이것이 오늘날의 벤진환環이다.

쉬트라드니츠가 버스에 타려고 했을 때, 잠시 동안 잠재의식으로부터 '의식하는 마음'으로 작용이 전환되면서 문제 해결이 형상으로 그려져 나타났던 것이다. 그러니까 그 문제에 대한 해답을 잠재의식이 이미 알고 있었고, 그 해답을 '의식하는 마음'을 통해 제시해 주었던 것이다.

이처럼 잠재의식 속에 있던 해답은 전광電光처럼 전혀 예기치 않았던 시기에 나타난다.

063

해답이 표면에
나타날 때까지 기다려라

Joseph Murphy's nomology of good success

'의식하는 마음'이 아무리 골똘히 생각해도 그에 대한 해답을
찾을 수 없을 때조차도 잠재의식은 계속 작용하여 아래로부터
치솟는 식물植物의 싹처럼 정확한 해답을 제공해 준다

세계적으로 유명한 미국의 한 수학자에 대한 이야기이다.

이 수학자는 한 어려운 문제에 부딪쳤을 때, 처음 3개월 동안은 도저히
해결의 실마리를 발견할 수 없었다. 그래도 무리하게 시도해 보았지만, 이
젠 더 이상 머리에 생각조차 떠오르지 않았다.

그래도 그는 계속해서 시도해 보았다.

그러나 처음 10분간쯤은 정신을 가다듬고 있을 수 있었지만, 그 후에는
졸리기 시작했다.

그러던 중 그는 여름 방학을 맞아 친구와 함께 바닷가에서 지내게 되었
는데, 거기에서도 그는 연구를 계속했다.

소파에 걸터앉은 채 그 문제에 대해 연구를 계속하다가 그대로 잠들 때
가 많았는데, 친구는 그런 그를 '기면성 뇌염 환자'라며 놀렸다.

그런데 9개월째에 접어들었을 때였다.

그날도 그는 아침 식사를 끝낸 뒤, 응접실에 앉아 그 문제에 대해 골똘히

생각하고 있었다. 바로 그때, 생각이 한쪽으로 정리되어 가면서 그는 수학사$_{數學史}$에 길이 남을 만한 대논제의 해답을 얻게 되었다.

이에 대한 그는 이렇게 말하였다.

"전혀 알지 못하는 상태가 계속되었다는 것, 그 뒤 잠만 자고 있는 것 같은 일종의 방심 상태가 있었다는 것, 이것이 해답을 발견하는 데 있어서 중요한 역할을 했음에 틀림없다. 씨앗을 뿌리고 나서 싹이 돋을 때까지는 충분한 시간이 필요한 것처럼, 또한 결정 작용$_{結晶作用}$에 있어서는 일정한 조건하에 방치해 두는 것이 필요한 것처럼, 성숙$_{成熟}$의 준비가 된 후 상당한 기간이 지나지 않는다면 훌륭하게 성숙될 수 없다고 생각한다. 때문에 이제는 더 이상 어찌할 방법이 없다고 해서 포기해서는 안 된다. 의식의 하층$_{下層}$에 숨어 있는 것이 서서히 성숙해서 표면으로 나타나는 것을 기다리지 않으면 안 된다. 그리고 그것이 표면에 나타났을 때, 문제는 자연히 해결되는 것이다."

잠재의식의 영묘한 작용에 대해서 이처럼 훌륭하게 씌어진 문헌은 세계에서도 찾아보기 매우 드물다.

064

잠재의식은 보이지
않는 것까지 볼 수 있다

Joseph Murphy's nomology of good success

잠재의식은 '의식하는 마음'이 알지 못하는 것을
꿈 속에서 시사해 주는 일이 있고,
그것이 학문상의 발견과 연결될 때가 있다

미국의 유명한 동물학자 아가시즈 교수의 체험담을 그의 미망인이 쓴 전
기傳記에서 간추려 소개하겠다.

"석판石版에서 물고기 화석의 흔적을 발견하였지만, 그것이 분명하지 않
았으므로, 진짜인지 밝히기 위해 15일간이나 열중한 적이 있었다. 그러나
그것을 밝히기란 여간 어려운 일이 아니었다.

그는 너무나도 지친 나머지 그 일에서 손을 떼려고 했다.

그후 어느 날 밤, 그는 잠을 자다가 잠결에 자리에서 벌떡 일어났다. 그
는 자고 있는 동안에 그 물고기에 관해 몰랐던 사실들을 모두 알게 되었
던 것이다. 그러나 그가 잠에서 깨어났을 때는 그것을 다시 기억할 수 없
었다.

다음 날 밤도 그이는 물고기에 관한 꿈을 꾸었다고 한다. 그리고 잠에서
깨어났는데, 역시 전날 밤과 같이 잘 기억이 안 난다는 것이었다.

그러나 같은 일이 또 일어날지도 모른다는 생각에, 사흘째 되는 날 밤 취

침 전에 그이는 연필과 종이를 머리맡에 놓고 잤다.

그런데 새벽녘에 또 그 물고기가 꿈에 나타났다는 것이다. 처음에는 확실치 않았으나 나중에는 확실히 분명해졌으므로, 그 물고기의 동물학적 특징에 관해 하등의 의문도 없이 깨닫게 되었던 것이다.

어둠 속에서 그는 머리맡에 놓아둔 종이에, 반은 자면서 물고기의 특징을 스케치해 두었다. 아침이 되자 그는 그것을 보고 깜짝 놀라는 것이었다. 거기에는 석판 화석에 나타나지 않았던 몇 가지 특징이 잠결에 스케치한 종이에 남겨져 있었던 것이다.

그는 곧 석판이 놓여져 있는 곳으로 가 보았다. 그리고 스케치를 참고로 하여 돌 표면을 끌로 깎아 보았다.

그 결과, 물고기의 한 부분이 숨겨져 있는 것을 알게 되었다. 모양이 완전히 나타났을 때, 그것은 그가 잠결에 그렸던 그림과 똑같았다.

이렇게 해서 간단히 그 물고기 화석에 대한 분류를 성공적으로 마칠 수 있었다.”

이처럼 잠재의식은 ‘의식하는 눈’에 보이지 않는 것까지 볼 수 있는 능력이 있는 것이다.

065

절망적인 처지라면
잠재의식에 매달려라

Joseph Murphy's nomology of good success

잠재의식에 의지하게 되면 우연이라고 생각할
수밖에 없는 일이 생기고, 당신의 원망願望이 실현된다.

로켓 연구자이며 전기 공학자인 독일의 로탈 폰브렌그 슈미트 박사는 소
련의 포로가 되어 탄광에서 강제 노동을 하고 있었다.

독일에 있는 슈미트 박사의 집은 파괴되었고, 가족은 학살되었으며, 박사
또한 많은 독일 포로와 함께 죽을 운명에 처해 있었다.

이 절망적인 상태에서 박사는 마지막 수단으로 잠재의식에게 도움을 청
했다.

박사는 자기의 잠재의식을 향해 이렇게 말했다.

"난 로스앤젤레스로 가고 싶다. 분명히 네가 그 방법을 발견해 줄 것이
다."

슈미트 박사가 베를린에 있었을 때 한 미국 소녀를 알고 지냈는데, 그녀
를 통해 로스앤젤레스 시가지의 사진을 본 적이 있었다. 때문에 그 거리에
건물이나 시가지를 희미하게 기억하고 있었다.

그래서 박사는 매일 밤 미국 소녀와 함께 로스앤젤레스의 거리를 산책하

며, 둘이서 가게에 들어가기도 하고, 버스를 타거나 레스토랑에서 식사를 하기도 하고, 자동차에 올라 이곳저곳을 드라이브하는 모습을 생생하게 상상해 보았다. 그 상상은 강제 수용소 안에서 자라고 있는 나무처럼 그의 머릿속에 현실적이고 자연적인 것이 되었다.

이 수용소에서는 매일 아침 점호가 행해졌는데, 그때마다 간수看守는 인원을 헤아려 보았다.

어느 날 아침, 간수가 17번까지 세었을 때, 간수장의 호출을 받고 그 자리를 떠났다.

1, 2분 후에 다시 돌아온 그는 다음 사람을 "17번" 하고 틀리게 세면서 지나갔다. 본래 17번은 박사였다.

그 덕분에 박사는 그날 탈출할 수 있었다.

저녁때에도 점호를 취했지만 아침 점호 때와 숫자가 같았으므로 박사의 탈주는 훨씬 뒤까지 발견되지 않았다. 따라서 수용소 당국이 수사망을 펴는 일도 없었으므로, 그는 친구의 도움을 받아 스위스까지 무사히 도망칠 수 있었다.

이렇게 해서 박사는 로스앤젤레스까지 무사히 도착하게 되었고, 그 미국 소녀는 나중에 그의 부인이 되었다.

066

개인의 기억까지 초월하는 능력

Joseph Murphy's nomology of good success

잠재의식은 공간과 시간을 초월한다. 따라서
당신이 태어나기 전의 일까지도 잘 알고 있다

유명한 학자 칼 융은 이렇게 주장하고 있다.

"인간에게는 '민족民族의 기억'과 '종족種族의 기억'이라고 하는 개인의
기억을 초월한 또 다른 기억을 갖고 있다."

그는 물론 이것을 잠재의식의 의미로써 말하고 있는 것이다.

우리 인간의 기억은 몇 천 년이고 거슬러 올라갈 수 있다는 한 예를 소
개해 보겠다.

펜실베이니아 대학의 H. V. 헬프레히트 교수가 어느 토요일 저녁, 고대
바빌로니아 인의 반지에 붙어 있었다고 생각되는 두 개의 마노瑪瑙 조각에
관한 수수께끼를 풀기 위해 무척 애를 쓰고 있었지만 아무 성과도 얻지 못
했다.

그는 여러 가지 가능성을 연구하다가 피곤에 지쳐 그만 잠이 들어 버
렸다.

그때 그는 꿈을 꾸었다.

나이가 40세쯤 들어 보이는 키가 크고 야윈 니푸르Nippur, 이라크 남부에 있는 고대 바빌로니아의 유적 도시의 사제가 그를 어떤 사원寺院의 보물 창고로 데리고 갔다.

그곳은 창문이 없고 천장이 낮은 조그마한 방이었는데, 마노라든가 루비가 마룻바닥에 가득 널려 있었다.

여기에서 사제는 교수에게 이렇게 말했다.

"당신 책의 22쪽과 26쪽에 각각 게재된 두 개의 마노 조각은 사실 하나로 연결된 것이며, 그건 반지가 아니다. 최초의 두 구슬은 비장秘藏의 고리였다. 당신이 오늘 밤에 열심히 보고 있던 두 조각은 그 일부분이며, 그 두 개를 하나로 합쳐 보면 내 말이 사실임을 알게 될 것이다."

헬프레히트 교수가 잠에서 깨어나 그것을 확인해 보았을 때 놀랍게도 그 꿈은 모두 사실이었다.

이처럼 잠재의식은 시간과 공간을 초월하며, 또한 전지 전능한 것이다.

067

신뢰만 하면 잠재의식은
항상 대답해 준다
Joseph Murphy's nomology of good success

잠재의식에는 문제란 있을 수 없다.
다만, 그에 대한 해답만이 존재할 뿐이다

머피 박사는 어느 날, 선조 대대로 내려온 귀중한 반지가 어디로 갔는지
도무지 찾을 수 없었다.

그래서 그는 밤이 되어 잠자리에 누웠을 때, 마치 친한 친구에게 말하듯
이 잠재의식에게 속삭였다.

"넌 뭐든지 알고 있지. 물론, 내 반지가 어디에 있는지도 알고 있을 거야,
지금 그 반지가 어디에 있는지 나에게 가르쳐 주렴."

이튿날 아침, 잠에서 깨어났을 때 문득 선명하게 머리를 스치고 지나는
말이 있었다.

"로버트에게 물어 봐!"

그래서 그는 아홉 살밖에 안 되는 로버트에게 반지를 못 보았느냐고 물
어보았다.

그런데 아니나 다를까, 그는 이렇게 대답했다.

"아, 그래! 애들과 뜰에서 놀다가 그걸 주워서 내 책상 위에 놓아뒀어.

그게 그렇게 중요한 건지 몰라서 아무에게도 말하지 않았는데……"

이처럼 신뢰하면 잠재의식은 항상 대답해 준다.

잠재의식으로부터 대답을 들으려면 많은 시간이 걸릴 것이라고 생각한다거나 큰일났다고 생각한다면, 오히려 대답을 지연시키는 결과를 초래하게 된다. '어렵다'고 생각하면 잠재의식도 그렇게 생각하게 되기 때문이다.

잠재의식에는 문제란 있을 수 없으며, 문제에 대한 해답만을 알고 있을 뿐이다.

068

소망을 반복적으로
말하면서 잠들어라

Joseph Murphy's nomology of good success

원망願望을 한 단어 혹은 한 마디로 압축시켜 그것을 자장가
부르듯이 반복적으로 잠재의식에 심어도 그 효능은 나타난다

머피 박사가 알고 있는 한 청년의 부친이 세상을 떠났다.

그런데 유언장이 어디에 있는지 도저히 찾을 수가 없었다.

언젠가 누나로부터, 아버지가 모든 사람들에게 공평한 유언장을 작성해
두었다고 들은 적이 있는데, 그 유언장이 눈에 띄지 않는 것이었다.

머피의 법칙을 알고 있던 그 청년은 잠들기 전에 친밀하고 평화로운 말투
로 자기의 잠재의식에 대고 속삭였다.

"나는 지금 이 문제를 잠재의식에 인도한다. 잠재의식은 아버지의 유언
장이 어디에 있는지 잘 알고 있다. 그것을 내게 알려다오."

그리고 나서 자기가 바라는 것을 '대답'이라고 하는 한 단어에 압축시켜
그것을 자장가처럼 몇 번이고 반복해서 속삭였다. 그러다가 그는 '대답'이
라고 하는 한 단어와 함께 잠들어 버렸다.

그 이튿날 아침, 잠에서 깨어난 청년은 로스앤젤레스에 있는 은행으로
가야 되겠다는 생각이 마음속으로부터 강하게 밀려 왔다.

그래서 그 은행으로 가 보았더니 아버지의 이름으로 등록된 대여금고가 있었다. 그 금고 속에는 그가 그토록 찾고 있던 유언장이 들어 있었다. 물론, 그로 인해 그의 문제는 모두 해결되었다.

이 청년이 자기의 소망을 한 단어로 단순하고 간략하게 해 놓은 것은 매우 잘한 일이다. 물론, 문장에 의한 기도도 좋지만, 그 기도의 내용을 한 단어 혹은 몇 마디의 말로 압축해 놓고 이 청년처럼 자장가를 부르듯이 반복적으로 말하면서 잠든다는 것은 전지 전능한 잠재의식에 대해 활동 명령을 내리는 가장 유효한 방법이다.

069

문제 해결에는
건설적인 생각부터 하라

Joseph Murphy's nomology of good success

두려움을 품고 있다거나 걱정하고 있는 것은
생각하는 것이 아니다. 진실한 사고思考란
공포로부터 벗어난 자유로움을 말한다

어려운 결단을 내려야 한다든지, 문제 해결의 실마리가 잡히지 않을 때
는 걱정하거나 이것저것 복잡하게 생각하지 말고, 그 문제에 관해 건설적인
생각을 하는 것이 좋다.

세상에는 무엇에 대해 '걱정하는 것'을 '생각하는 것'이라고 알고 있는
사람이 많은데 이는 잘못된 생각이다. 진실한 '사고思考'란 걱정이나 공포
로부터 벗어난 자유로운 것이다.

그럼, 어떠한 문제라도 잠재의식의 지도를 받을 수 있는 방법을 소개해
보겠다.

우선 조용히 마음을 가라앉히고 몸을 편안하게 하자.

그러기 위해서는 몸이 편안해지도록 명령해야 한다.

몸도 당신의 '의식하는 마음'의 명령을 받도록 되어 있다.

당신의 육체는 의지도, 주도성도, 자기 의식적인 지성도 갖고 있지 않다.
단지 당신의 육체는 당신의 신념이나 인상을 기록하는 레코드판과 같을 뿐

이다.

그러므로 우선 당신은 몸을 편안하게 함으로써 잠재의식에 신뢰감을 심어 주도록 해야 한다.

잠재의식은 자신이 신뢰받고 있을 때만 활동하고 도움을 주기 때문에 이것은 지극히 중요하다.

그러고 나서 당신의 주의력을 발동시키고, 자기의 문제 해결에 생각을 집중시켜 보라. 당신이 '의식하는 마음'으로 그것을 해결하려고 해 보자. 그리고 그것이 완전히 해결되고 나면 얼마나 기쁠 것인가를 상상해 보라. 이때, 문제가 이미 해결되었을 때 받는 느낌을 맛보아야 한다. 편안한 마음으로 그러한 기분을 간직해 보라. 그러한 상태로 잠드는 것이다. 잠에서 깨어났을 때 아직도 그에 대한 해답을 얻지 못했다면, 우선 해야 할 다른 일을 열심히 하라. 당신이 다른 일에 몰두하고 있을 때, 당신이 간절히 바라던 해답을 뻥튀기 틀에서 튀어나오듯이 당신의 머릿속에 떠오르는 것을 깨닫게 될 것이다.

070

환자는 잠잘 때
병이 빨리 치료된다

Joseph Murphy's nomology of good success

기원祈願은 수면睡眠의 한 형식이며, 또 수면도
기원의 한 형식이라고 할 수 있다. 잠들고 있는 동안,
인간은 잠재의식으로부터 정신적 충전充電을 받는다

'왜 인간은 잠을 자지 않으면 안 되는가?'

이에 관해서는 의학자나 생리학자로부터 충분한 해답을 들을 수 있다.

대부분의 사람들은, 낮 동안 피곤에 지친 몸을 쉬기 위하여 수면을 취하며, 자는 동안에 회복 작용이 일어난다고들 말하고 있지만, 사실은 그렇지 않다.

우리가 잠들어 있는 동안에도 몸의 중요한 기관들, 즉 심장이나 폐·간장 등은 휴식을 취하지 않고 자기에게 맡겨진 역할을 다하기 위해 부지런히 움직이고 있다. 잠들기 전에 먹은 음식은 우리가 잠자고 있는 동안에도 소화·흡수되며, 피부는 땀을 분비하고, 손톱이나 머리카락은 쉴새없이 자라난다.

존 비게로 박사는 수면 중에도 우리 인간의 중요한 기능은 쉬지 않는다는 것에 주목하여 연구한 결과, 인간이 자지 않으면 안 되는 주된 이유에 대해 이렇게 결론을 내렸다.

"우리의 비교적 높은 정신의 일부분이 초탈超脫에 의해 고급적인 성질과 하나가 되어, 신의 지혜와 예지叡知에 참가하기 위해서이다."

그는 우리가 잠을 자야 하는 이유를 또 이렇게 말한다.

"나의 연구 결과, 수면의 최종 목적은, 우리가 수면에 들어가서 이 현상계現象界로부터 벗어난 시간만큼 조화를 이룬 완전한 정신적 발전에 있다고 확신한다."

잠을 잔다는 것은 당신의 잠재의식에 대해 한결 더 의지한다는 것을 의미한다. 환자가 잠을 자고 있을 때 병이 빨리 치료된다는 것은 모두가 알고 있는 상식이지만, 그 이유를 아는 사람은 그리 많지 않다.

그 이유는 '의식하는 마음'의 방해가 잠재의식에 들어가지 않기 때문이다. 즉, 무의식적일 때 잠재의식은 한결 더 활발히 작용할 수 있기 때문이다.

071

취침 전후의 시간을 잘 활용하라

Joseph Murphy's nomology of good success

잠잔다는 것은 잠재의식이 외부에서 오는 온갖 자료들이나
정보들을 차단하고 내적인 지혜와 조용히 교류하는 것을 말한다

우리가 깨어나 있을 때는 '의식하는 마음'이 하루 종일 쉴새없이 걱정과
근심·경쟁심·논쟁 등에 휩싸여 있게 마련이다.

따라서 외부에서 오는 자료나 정보를 정기적으로 차단하고, 내적인 잠재
의식의 지혜와 조용히 교류하는 것이 절대로 필요하다.

이와 같이 외부에서 오는 일상 생활의 싸움이나 혼란으로부터 정기적으
로 물러서는 것이 수면이다. 즉, 수면에 빠져 있을 때의 당신은 오관五官의
세계에 대해서는 잠드는 셈이고, 잠재의식의 지혜와 힘에 대해서는 눈을
뜨고 있다는 것이다.

오늘날의 대실업가들은 대개 하루 일과 중에 몇 십 분 정도는 차를 마시
거나 종교적인 일에 참석하여 외계로부터 잠시 자기 자신을 격리시키곤 한
다. 인간이 훌륭한 지혜를 얻으려면 우주의 마음에 잠겨드는 시간이 필요
하다.

인간의 수면은 자기를 외계의 싸움으로부터 벗어나게 하는 가장 완벽한

형식이므로, 취침 전 30분과 잠에서 깨어난 10분간을 특히 잘 활용하여야 한다. 잠들기 전에 몇 분 동안 마음을 편안히 하고 전지 전능인 잠재의식과 교류하는 마음가짐으로 원망願望과 기구祈求를 명백히 마음에 그려 놓고 평화로운 마음으로 잠들지 않으면 안 된다.

독신자의 경우, 자기가 마음만 먹으면 곧 이것을 실행할 수 있지만, 결혼한 사람의 경우는 특히 배우자가 신경 써 주지 않으면 안 된다.

훌륭한 배우자를 만나면 인생의 질이 한결 나아지지만, 좋지 않은 배우자를 만나면 기도를 실현하기가 매우 어렵다.

072

결단은 잠재의식에
의뢰하는 것이 좋다

Joseph Murphy's nomology of good success

결정하기 힘든 문제가 생기면 잠자기 전에
잠재의식에게 물어보고 그 지시를 받는 것이 좋다

세상에서 일어나는 일 가운데 대부분은 우리의 '의식하는 마음'이 판단할 수 있으나 가끔은 어떻게 해야 할지 분별할 수 없을 때가 있다.

그런 때는 시간을 초월하여 미래도 과거도 없는 잠재의식의 지시를 받는 것이 좋다.

머피 박사의 강연을 열심히 듣고 있던 한 부인에게 현재 월급보다 두 배나 되는 월급을 주겠다는 회사가 나타났다.

그녀는 갈등이 생겼다. 그 회사는 그녀가 현재 살고 있는 로스앤젤레스와는 거리가 멀리 떨어진 동부였기 때문이다.

그래서 그 부인은 머피의 법칙을 활용해 보기로 마음먹고, 잠들기 전에 이렇게 기원하였다.

"내 잠재의식의 창조적인 지성은 나에게 무엇이 가장 적절한 것인가를 알고 있다. 그것은 항상 생명을 지향하고 있으며, 나와 나의 모든 가까운 사람들에게도 축복이 되는 결정을 나에게 제시해 줄 것이다. 그 대답이 반드시 나에게 나타나리라 믿고 감사한다."

그 부인은 잠들기 전에 자장가처럼 이러한 기원을 몇 번이고 되풀이했다.

그러고 나서 아침에 깨어났는데, 그 새로운 일을 맡아선 안 된다는 느낌이 그녀의 머릿속을 스쳐 지나갔다.

그녀가 그 느낌을 잠재의식의 지시라 생각하고 새로운 일을 거절했다.

그러고 나서 수개월 후, 그녀의 내적인 지각이 정당했다는 것을 증명해 주는 일이 일어났다. 그녀에게 현재 월급의 두 배를 주겠다던 회사가 파산했던 것이다.

'의식하는 마음'은 객관적으로 알려져 있는 사실에 관해서만 올바른 판단을 할 수 있지만, 잠재의식은 미래를 예측하고, 거기에 알맞은 충고를 그녀에게 해 주었던 것이다.

이처럼 어떻게 결단을 내려야 좋을지 망설여질 때는 당신의 잠재의식에 의뢰하는 것이 좋다.

073

잠재의식은 미래의 일도
올바르게 이끈다

Joseph Murphy's nomology of good success

잠재의식에 대해 의지하는 일이 익숙해지면
정몽正夢이 더해진다. 평소에 존경하는 인물을 등장시켜
미래를 위해 좋은 방향을 제시해 주기도 한다

잠들기 전에 잠재의식에 대해 올바른 행동이 이루어지기를 기도하면, 그
기도에 따라 잠재의식의 지혜가 올바르게 지시해 준다.

머피 박사의 체험담을 소개해 보겠다.

제2차 세계 대전 전, 박사는 동양에서 대단히 유리한 일에 종사해 보지
않겠느냐는 권유를 받았다.

그때 박사는 자신의 잠재의식에 올바른 인도와 결단을 갈망하면서 이렇
게 기도했다.

"나는 나의 내적인 지성이 무한하다는 것을 알고 있다. 따라서 올바른
결단이 신의 질서에 따라 나에게 제시될 줄 믿는다. 그 해답이 제시된다면
나는 그것을 인정하겠다."

박사는 이러한 기도를 잠들기 전에 자장가처럼 몇 번 반복했다.

그러자 그로부터 3년 뒤에 모든 사람들이 겪어야만 할 일이 꿈 속에 생
생히 나타났다.

꿈 속에 박사의 옛 친구가 나타나 이렇게 말했다.

"그 신문 〈뉴욕 타임스〉의 타이틀을 읽어 봐라. 그러니까 가서는 안 돼."

박사가 꿈 속에서 본 신문의 타이틀은 '진주만 공격'에 관한 것이었다.

이 무렵에는 일본에서조차도 진주만 공격을 계획하고 있지 않았다. 그러니까 잠재의식은 당시 누군가의 머릿속에도 없었던 것을 미리 알고 있었다는 게 된다.

이처럼 잠재의식은 평소에 박사가 신뢰하고 존경하는 인물을 꿈 속에 등장시킴으로써 박사를 제지했던 것이다.

경고 신호로, 꿈 속에 어머니가 나타났다는 사람도 있다.

꿈 속에 어머니가 나타나 그가 가려고 하는 방향을 가로막으며 제지한다거나 좋은 방향을 제시해 준다는 것이다.

다시 말하지만, 당신의 잠재의식은 전지 전능하다.

때문에, 잠자기 전에 바라는 바를 기도하면, 잠에서 깨어나자마자 그 잠재의식이 당신에게 아이디어를 주거나 꿈을 통해 올바른 길을 제시해 준다.

074

베갯머리에서의 횡재

Joseph Murphy's nomology of good success

잠재의식은 꿈 속에서 수많은 실패를 거듭한 기계의
설계도를 마련해 주기까지 한다. 그러므로 당신도 잠잘 때
베갯머리에 메모지와 연필을 준비해 두면 이러한 횡재도 할 수 있다

머피 박사의 지도를 받았던 어떤 사람의 흥미 있는 보고가 있다. 피츠버그 제철소에서 일하고 있던 함머스트롬이라는 압연공壓延工은 꿈 속에서 본 설계도로 인하여 많은 상금을 받은 적이 있을 뿐만 아니라, 이러한 내용이 신문에 특종 기사로 실린 적도 있다.

그가 다니고 있는 회사에 새로 가설된 강봉압연기鋼棒壓延機의 강봉을 냉각상冷却床으로 보내는 것을 제어하는 스위치가 제 기능을 다하지 못했으나, 기사들은 그것을 고칠 수가 없었다. 함머스트롬 씨 역시 이 문제를 해결하기 위해 새로운 설계를 시도했으나 실패했다.

그런던 어느 날 오후, 그는 자리에 누워 잠을 청하였다. 그는 잠들기 전에 문제의 스위치 설계도에 관해 골똘히 생각하면서 그대로 잠에 빠져들었다.

그는 꿈을 꾸었다. 그런데 꿈 속에서 스위치의 설계도가 뚜렷하게 나타났다.

그는 잠에서 깨어나자마자 꿈 속에서 보았던 설계도를 그대로 옮겨 그

렸다.

그것은 그에게 훌륭한 성공의 터전을 마련해 주었다. 꿈 속에서 얻은 설계도가 그의 인생에 커다란 성공을 이룩해 주었던 것이다.

그는 상금으로 15,000달러를 받았는데, 이는 그 회사가 사원의 아이디어에 대하여 지불했던 최고의 상금이었다.

이 외에도 꿈이 정확하게 들어맞는 경우도 많다. 꿈 속에 돌아가셨던 할머니가 나타나 복권 번호를 알려줘서 복권을 샀는데 1등에 당첨되었다느니, 꿈에 돌아가신 아버지가 나타나 '어디어디로 가면 산삼이 있으니 그리로 가 보라' 해서 그리로 갔더니 정말 산삼이 있더라는 등 그 수는 헤아릴 수 없다.

당신도 잠잘 때 베갯머리에 메모지와 연필을 준비해 두면 이러한 횡재를 할 수도 있다.

075

'꼬마 브라우니들'의 활약

Joseph Murphy's nomology of good success

소설이나 논문을 쓰는 사람도 잠재의식의
힘으로 큰 도움을 받는다. 따라서 잠재의식의 힘을
이용할 줄 아는 학자나 작가는 크게 성공할 수 있다

《보물섬》을 비롯한 많은 명작을 펴낸 우리에게 널리 알려진 영국 작가 R. L. 스티븐슨1850~1894은 《평원平原을 넘어서》라는 저서 가운데서 거의 1장을 그의 꿈 이야기로 엮어 놓았다.

스티븐슨은 매일 밤 잠들기 전에 반드시 잠재의식에 특별한 지시를 불어넣는 습관이 있었는데, 그는 잠재의식에 대해 자기가 자고 있는 동안에 이야기를 전개해 줄 것을 기원하였다고 한다.

스티븐슨은 대체로 선명한 꿈을 꾸곤 하는데, 잠에서 깨어나면 이 꿈 속에 전개된 것을 원고지에 써내려 갔던 것이다.

그는 자신에게 이와 같은 갖가지 꿈을 차례로 안겨다 주는 잠재의식을 '꼬마 브라우니들'이라고 불렀다고 한다.

'꼬마 브라우니'라는 것은 스코틀랜드 전설 속에 나오는 인물로서, 밤중에 나타나서 청소라든가 탈곡 등, 농가에서 심부름을 해 주었다는 갈색의 난쟁이를 말한다. 스티븐슨은 자기가 자고 있는 동안 '일을 해 준다'는 뜻으로 잠재의식을 이렇게 불렀던 것이다.

　그의 말을 빌리자면, 이와 같은 '꼬마 브라우니들'은 차례차례로 연속극처럼 그에게 이야기해 준다고 한다. 작가인 그 자신은 이 브라우니들이 이야기해 주기 전에는 그들이 어떻게 이야기를 꾸며 나갈지 전혀 몰랐다는 것이다.

　스티븐슨은 소설의 소재를 정할 때는 잠자리에 들기 전에 이렇게 부탁했다고 한다.

　"잘 팔리고 돈벌이가 될 수 있는 재미있는 소설을 나에게 다오"

　그러면 그 브라우니들은 반드시 그 이튿날 아침까지 그것을 이뤄 준다는 것이다.

　이와 같이 하여 20권이나 되는 스티븐슨의 전집이 이 세상에 빛을 보게 되었던 것이다.

076

행복한 가정을 이루는 비결

Joseph Murphy's nomology of good success

마음먹은 대로 돈을 벌 수 없는 사람은
마음 깊숙한 곳에서 "돈은 필요 없다"고 말하는 사람이다

어느 회사의 재능 있는 젊은 중역이 이렇게 말했다.

"저는 날마다 바빠요. 그래서 회사에서 밤늦게까지 일하고 있지요. 지금까지 내가 제안한 의견은 회사에 잘 반영되었고, 그로 인해 회사는 많은 돈을 벌었습니다. 그런데도 저는 과거 3년 동안 단 한 번도 승진한 적이 없어요. 제 부하 직원들은 승진했는데도 말예요."

그런데 그가 승진을 못 한 이유는 그의 가족 문제 때문이었다.

그는 아내와 3년 동안 별거 생활을 하면서 재산, 별거 수당, 어린 아이의 양육비 문제 등으로 계속 싸우고 있었다.

그래서 그는 무의식 중에, 즉 마음 깊숙이에서 돈은 필요 없다고 생각했던 것이다. 말하자면, 돈을 벌면 벌수록 아내에게 별거 수당도 그만큼 많이 지불하지 않으면 안 되었기 때문에 그런 일에 신경을 쓰고 싶지 않았던 것이다.

그는 아내를 미워하고 있었기 때문에 마음속으로,

'이 이상 돈을 주지 않을 테다. 아내를 행복하게 해 줄 순 없어.' 하고 생각했던 것이다.

이는, '그러니 나에겐 돈이 필요 없어' 하고 결심한 것과 같다.

그리고 '아내를 행복하게 해선 안 돼.' 라는 감정은 그로 하여금 부富에 대한 부정적인 태도를 취하게 했던 것이다.

결국, 그는 그의 경제 생활의 모든 면에 걸쳐 마이너스의 영향을 받지 않을 수 없었다.

그는 영리한 사람이었기 때문에, 머피 박사의 말을 듣고 나서, 자기의 부와 승진을 방해한 것은 다른 사람이 아니라 바로 자기 자신이라는 사실을 깨달았다. 그리고 자신의 행복을 위해서도 별거했던 아내와 아이들에 대해 건강과 사랑, 평화와 번영을 기원하지 않으면 안 된다는 것을 깨달았다.

그후로 그는 자기의 소망과 더불어 아내와 아이들을 위해 기원했다. 그렇게 수주일이 지나자, 그는 정신적으로 다시 태어난 것 같은 기분이 들었다. 그는 곧 승진을 하였다. 그리고 더욱 그를 놀라게 한 것은, 별거하고 있던 아내로부터 화해 요청이 들어왔다는 사실이다.

그는 아내와 화해를 기쁜 마음으로 받아들여 행복한 가정을 이루었다.

077

마음 속의 무한한 금광을 파라

Joseph Murphy's nomology of good success

부는 마음의 상태이지만, 동시에 마음의 상태가
부를 만든다. 따라서 당신은 당신의 마음속에
감추어져 있는 무한한 금광을 지금 당장 파야 한다.

머피 박사가 알고 지내던 외과 의사에 관한 이야기이다.

이 외과의사는 웨일즈 탄광 광부의 아들이었다. 아버지의 임금이 얼마 안 되기 때문에 그는 가까스로 학교에 다닐 수 있었다.

어느 날, 그는 외과 수술을 받고 친구의 눈병이 나은 것을 보고 감격한 나머지 아버지에게 자기도 외과 의사가 되고 싶다고 말했다.

그러자 그의 아버지는 이렇게 말했다.

"이 아비는 너를 위해 25년 동안 저금해 왔단다. 그것이 지금은 3천 파운드나 되지. 이건 너를 가르치기 위해 저축해 둔 돈이다. 그러나 네가 의학 공부를 마칠 때까지 그 돈에는 손을 대지 않았으면 좋겠구나. 그 돈을 그대로 은행에 넣어 두었다가 네가 대학을 졸업하고 나면 하리 거리런던의 일류 의사들이 모여 살고 있는 유명한 거리에다가 훌륭한 시설을 갖춘 병원을 개업하는 데 쓰는 것이 좋을 것 같구나. 그때까지 은행에 넣어 두면 이자도 많이 붙을 것이니까 말이야."

이 말을 들은 아들은 자기를 생각하는 아버지의 따뜻한 마음과 정에 깊이 감동했다.

그래서 그는 개업할 때까지 그 돈을 쓰지 않기로 아버지와 약속했다. 그리고 열심히 공부하여 의과대학에 들어가 아르바이트를 하면서 학비를 조달하였다.

그가 대학을 졸업하던 날, 아버지가 그를 불러 이렇게 말했다.

"이 아비는 광부로 지내 왔기 때문에 은행에 한 푼도 저축할 수 없었다. 그렇지만 이 아비는 네가 네 마음속에 있는 무한한 금광을 파내기를 빌고 있었다."

이 말을 들은 아들은 너무나도 놀라 잠시 넋을 잃었다.

그러나 그는 곧, 은행에 3천 파운드가 예금되어 있다는 것을 자신이 믿음으로써 실제로 예금되어 있는 것과 같은 작용을 하였으며, 그로 인해 자기의 목적 달성이 쉬웠다는 것을 깨닫게 되었다.

078

부유한 자는 점점 더 부유해진다

Joseph Murphy's nomology of good success

부유해질 수 있는 사람이란 풍요함과 번영의 사상을
끊임없이 강력하게 잠재의식에 깊이 새겨 두고 있는 사람이다

"가진 자에게는 더 주어지고, 못 가진 자에게는 갖고 있는 것마저 **빼앗**기게 될 것이다."

이는 성경에 나오는 말이다.

이 말은, '부유한 자는 점점 더 부유해지고, 가난한 자는 더욱더 가난해진다'는 뜻이다. 그러나 성경 말씀이라고 도저히 생각할 수 없을 만큼 잔혹한 느낌을 준다.

그러나 이 말은 진리이다. 참으로, 부유해질 수 있는 사람이란, 사고思考할 수 있는 창조력에 관해 알고 있는 사람이며, 풍요함과 번영의 사상을 끊임없이 강력하게 잠재의식에 깊이 새겨 두고 있는 사람이다.

부富에 대해 주의를 기울이고 있는 사람은 점점 더 부유해진다.

한 알의 씨앗이 땅에 떨어져 수백의 씨앗을 낳듯이 당신의 부의 씨앗부에 대한 생각은 멀지 않아 당신 자신의 경험 속에서 현저하게 증가됨과 동시에 마침내는 그 모습을 나타내게 된다.

한 부동산 업자가 분개하며 머피 박사에게 말했다.

"세상의 모든 것은 한정되어 있습니다. 세상에 무한정이란 있을 수 없습니다. 특히 한 나라의 부는 대부호들의 일족一族에 의해 점유되고 지배되고 있는 것입니다."

그런 까닭에 그는, 타인에게 야박한 흥정을 강요하여 자신을 궁지에 몰아넣거나 무지無知를 틈타서 타인으로부터 이득을 갈취하지 않으면 성공할 수 없다고 생각했다.

그는 또한 경쟁만이 승리의 길잡이라고 생각하고 있었다.

그런데 그는 머피 박사에 의하여 '부富는 무한한 것'임을 알게 되었다. 타인의 것을 빼앗지 않아도 자기는 무엇이든지 손에 넣을 수 있다는 것을 깨달았던 것이다. 그리고 경쟁만이 승리의 길잡이가 아니라, 타인과 협력하여 일을 추진하는 쪽이 더욱 승리로 갈 수 있는 지름길이라는 것을 깨닫고 그쪽을 택하게 되었다.

그는 3개월 동안 이렇게 기원했다.

"신의 무한한 부富는 내가 그것을 사용하는 것과 같은 속도로 내게 부여된다. 그리고 어느 누구를 막론하고 날마다 풍요로워져 간다."

이 3개월 동안 그의 수입은 이전의 3배가 되었다.

마음이 부유한 자는 점점 더 부유해진다.

079

훌륭한 남성을 남편으로 삼는 방법

Joseph Murphy's nomology of good success

미혼 여성이 좋은 남성을 맞이하려면 평소에 자기가
특히 좋아하는 남성의 성질이나 특징에 관해 묵상하라.
그러면 잠재의식의 지성이 두 사람을 기적처럼 연결해 준다

잠재의식 속에 새겨진 것은 무엇이든지 현실로 나타난다.

만일 당신이 훌륭한 남성을 남편으로 맞이하고 싶으면, 당신이 훌륭하다고 생각하는 남성의 성질이나 특징을 당신의 잠재의식 속에 새겨 두는 일부터 시작하지 않으면 안 된다.

여기 그 방법을 소개한다.

우선, 조용한 밤에 팔걸이 의자나 쇼파에 걸터앉아서, 혹은 잠자리에 누워서 조용히 눈을 감고, 긴장을 풀고, 몸을 편안하게 하고, 그야말로 수동적으로 또는 수용적인 마음을 간직한다.

그리고 잠재의식을 향해 아래와 같이 속삭인다.

"나는 지금 정직하고, 진지하고, 성실하고, 평화롭고, 번영하고 있는 한 남성을 내게로 이끌어들이고 있다. 내가 존경하는 이런 성질들이 지금 나의 잠재의식 속으로 심어지고 있다. 내가 이러한 성질들을 되새기고 있는 동안, 이것들은 나의 일부분이 되어 잠재의식적으로 구현되어 간다."

또는 다음과 같이 말해도 좋다.

"'견인의 법칙'이라는 저항할 수 없는 법칙이 있으므로, 나는 잠재의식의 신념에 의해 훌륭한 남성을 나에게 이끌어 올 수 있다고 확신한다. 잠재의식 속에서 진실이라고 느껴지는 것은 반드시 나에게로 다가올 것이다."

그러면 당신이 마음속으로 생각한 좋은 성품을 지닌 남성을 자기에게로 이끌어 올 수 있다. 그리고 그 남성 역시 당신을 만나게 된 것을 기뻐할 것이다. 당신의 내부에 있는 잠재의식의 지성이 두 사람을 기적과도 같은 방법으로 연결해 줄 것이다.

이는 세상의 그 무엇도 저항할 수 없는, 또 변하게 할 수 없는 잠재의식의 흐름이다.

당신이 지니고 있는 사랑과 헌신과 협력에 대한 최선의 것을 상대에게 주고 싶다는 간절한 소망을 가질 때 그러한 사람을 만날 수 있는 길이 열린다.

080

훌륭한 여성을 아내로 삼는 방법

Joseph Murphy's nomology of good success

미혼 남성이 좋은 여성을 맞이하려면 평소에 자기가 특히 좋아하는
여성의 성질이나 특징에 관해 묵상하라. 그렇지 않고 일시적으로
감각적인 매력에만 이끌린다면 보잘것없는 여성과 결혼하게 된다

훌륭한 아내를 맞이하고 싶은 남성은 우선 자기가 갈망하는 여성의 여러 가지 성품을 조용히 생각하고, 평상시에도 그 성품들에 관해 늘 묵상하지 않으면 안 된다.

그렇지 않으면, 일시적으로 감각적인 매력에 이끌려 보잘것없는 여자와 결혼하게 되어 오랫동안 후회할 수 있다.

장래의 결혼 생활이나 어린아이에 관해 신경을 쓴다면 다음의 말을 인정하자.

"나는 지금 나에게 훌륭한 여성을 가까이 이끌어 온다. 이것이야말로 두 사람의 일에 공통된 잠재의식을 통해 작용하고 있는 신의 사랑이다. 나는 그 여성이 지적이고 성실하며, 충실하고 단정한 사람이라는 것을 확신한다. 그리고 그녀는 좋은 가정을 가꾸며, 가정의 행복을 이룰 수 있는 사람이라고 확신한다. 우리는 서로 이러한 조건에 아무런 저항 없이 서로에게 이끌려 가고 있다. 사랑과 진실과 아름다움과 관계 있는 것만이 내 현

실 속에 들어올 수 있다. 나는 지금 그런 여자를 내 이상적인 반려자로 받아들이고 있다."

이처럼 조용한 가운데 진심으로 당신이 바라는 반려자의 여러 가지 성품에 관해 생각하고 있으면, 당신은 그것에 상당하는 성품을 자기의 잠재의식 속에 세우게 될 것이다.

그렇게 되면, 당신의 잠재의식은 신의 질서에 따라 당신들 두 사람을 가까이 결합시켜 줄 것이다.

한 유학생이 독일에서 철학자의 가정을 방문하여 그의 부인으로부터 대접을 받았는데, 그 부인 역시 남편과 마찬가지로 철학자였다고 한다.

그 가정의 지적인 분위기에 강한 인상을 받은 그 유학생은 자기도 그와 같은 철학자를 아내로 삼고 싶다고 생각했다.

그가 귀국한 후 많은 사람과 혼담이 오고 갔지만 모두가 성사되지 않았다. 그런데 우연히 알게 된 모 여자대학의 철학 강사와 결혼하게 되었던 것이다.

081
성공한 결혼으로 이끄는 방법
Joseph Murphy's nomology of good success

세 번이나 결혼에 실패한 여인이라도
잠재의식의 도움을 받으면 네 번째는
행복한 결혼 생활을 할 수 있다

세 번이나 결혼에 실패한 여자라고 하면, 보통 네 번째 역시 결혼에 실패할 것이라고 생각될 것이다.

그러나 세 번씩이나 결혼에 실패한 여자가 잠재의식의 도움을 받아 네 번째에는 행복한 가정을 이룬 예가 있다. 그녀가 어떻게 잠재의식의 도움을 받았는가에 대해 살펴보겠다.

그 동안 이 여성과 결혼했던 세 사람의 남편은 모두가 수동적이며 온순했다. 따라서 어떤 결정을 내려야 할 때는 그녀의 얼굴만 바라보며 그녀의 결정이 내려지기만을 기다렸다.

그녀는 그 남성답지 못한 성격에 불만을 품었다. 반면에, 그녀의 성격은 대단히 남성적이었으며 오만했다. 따라서 잠재의식에 대해 그녀는 복종적이며 수동적인 남성을 바라고 있었다. 즉, 그녀는 잠재의식적으로 마누라의 말을 잘 듣는 수동적인 남성을 바라면서도, 의식하는 마음으로는 자기를 지도해 줄 수 있는 남성다운 사나이를 바라고 있었다.

그러나 이런 두 가지 형태의 성질을 가진 남성이 어디 있겠는가.

이처럼 그녀는 세상에서 찾아볼 수 없는 남성상을 마음속으로 기도했던 것이다. 이것은 한 사람의 마음속에 도사리고 있는 두 개의 다른 견해를 가진 의식의 모순이다. 이런 경우, 항상 잠재의식이 의식하는 마음을 앞서 두 개의 다른 견해 쪽이 실현되었다. 이러한 사실을 깨닫지 못한 그녀는 고민할 수밖에 없었다.

머피 박사의 지도를 받고 이러한 모순을 깨달은 그녀는 머피 박사가 시키는 대로 아래와 같이 기도하였다.

"나는 잠재의식 속에 내가 진정으로 바라고 있는 타입의 남성을 심어 두려고 한다. 내가 바라는 남성상은 힘 있고 애정이 깊고 대단히 남성적인 사람, 그리고 성공한 사람으로서 정직하고 성실하며 충실한 사람이다. 그런 남성이 나와 결혼하게 되면 사랑과 행복을 찾아낼 수 있을 것이다. 나는 남편이 이끌어 주는 대로 기꺼이 어느 곳이라도 따라가겠다. 나는 그에게 사랑과 선의와 즐거운 마음과 건강한 몸으로 이바지할 것이다. 잠재의식의 신적神的 지성은 이런 남성이 어디에 있는가를 이미 알고 있으며, 우리 두 사람을 결합시켜 줄 것이다."

그후로 그녀는 새로운 직장에서 이상적인 의사를 알게 되었고, 마침내 그와 결혼하여 행복한 결혼 생활을 보냈다.

082

잠재의식은 이상적인 결혼 상대도 만들어 준다

Joseph Murphy's nomology of good success

자기가 바라고 있는 결혼 상대를 어디서 어떻게
만날 것인가에 대해 걱정할 필요가 없다. 잠재의식은
당신이 희구하는 상대를 만날 수 있도록 해 준다

　전지 전능한 잠재의식은 당신이 바라는 결혼 상대를 만날 수 있도록 주선해 준다. 따라서 당신이 희망하고 있는 결혼 상대자를 어디서 어떻게 만날 것인가에 대해서는 걱정할 필요가 없다.

　당신은 잠재의식의 지혜를 전적으로 믿어도 좋다. 잠재의식은 그 방법에 대해 잘 알고 있으므로 당신은 이것저것 고민할 필요가 없다. 오히려 그 방법에 대해 당신이 머리를 쓰지 않는 편이 좋다. 당신이 이것저것 걱정하게 되면, 그것까지도 잠재의식에 새겨지게 되어 오히려 역효과를 나타낸다.

　내 친구 가운데 음악을 무척이나 좋아하는 고등학교 국어 교사가 있는데, 그는 피아노를 칠 수 있는 여성과 결혼하여 문학과 음악으로 가득 찬 가정을 꾸며 보는 게 소원이었다.

　그러나 피아노를 잘 치는 여성을 만나기란 생각보다 어려웠다.

　나는 그에게 머피 박사의 이론을 이야기해 주고 나서 이렇게 권했다.

　"우선, 당신이 이상적으로 삼고 있는 여성의 특징을 포화 상태에 이르기까지 마음속에서 구하고, 마치 당신이 먹은 음식이 혈액의 일부가 되듯이 그 이미지를 당신의 일부로 만들어 버리시오."

그는 그대로 실행했다.

그러고 나서 얼마 후, 어느 음악회에서 돌아오다가 옛 친구를 만나게 되어 그 친구와 함께 생맥주 집으로 들어갔다. 그곳에서 이런저런 이야기를 나누다가 그는 친구에게 '문학과 음악이 함께 하는 가정을 갖고 싶다'고 말했다.

그런데 그 친구는 음대를 졸업한 여성을 알고 있었다.

친구는 두 사람을 소개해 주었고, 이야기는 순조롭게 진행되어 그가 갈망하던 문학과 음악이 어우러진 가정을 이룩하게 되었다.

그에겐 어린아이도 생겼고, 온 가정은 아름다운 피아노 소리로 가득 채워졌다.

083

이혼을 막는 마음의 법칙

Joseph Murphy's nomology of good success

이혼의 싹은 처음에 반드시 마음속에서 트기 시작한다.
법률적 절차는 그 다음의 일이다. 즉, 마음속에서
일어난 일이 외적인 형식으로 나타났음에 불과하다

머피 박사가 알고 있는 사람으로서, 결혼 3개월 만에 이혼하려고 하는 젊은 부부가 있었다.

머피 박사는 남편을 만나 여러 가지 사정 이야기를 들어 보았는데, 그가 결혼 초부터 아내로부터 무시당하지나 않을까 겁내고 있었다는 사실을 알게 되었다.

그는 아내가 자기를 증오하리라 예상했다. 또 아내가 자기 몰래 부정한 행위를 저지르면 어쩌나 하는 생각이 잠시도 그의 머리에서 떠나지 않았던 것이다.

그러한 걱정과 불안, 그리고 두려운 감정이 마침내 강박관념으로 변해 버렸다. 그의 마음은 별리別離와 의혹의 감정으로 가득 차 있었다.

그러나 아내는 그에 대해 냉담했다.

자신이 갖고 있는 상실감과 별리감에 의해 가정에는 불화가 일기 시작했다.

'작용과 반작용의 법칙', '원인과 결과의 법칙'에 의해 마음의 형태는 그에 따르는 상태를 만들어 낸다. 여기서 작용원인이란 '그의 생각', 즉 '의식하는 마음의 내용'이며, 반작용결과은 '잠재의식의 반응'이다.

드디어 그의 아내는 집을 나와 이혼을 요구했다.

이거야말로 그가 처음부터 두려워했던 일이었다.

좋은 생각이 좋은 상태를 만들어 내듯이, 부정적인 생각은 부정적인 상태를 만들어 낸다.

머피 박사는 마음의 법칙을 두 사람에게 설명해 주었다.

이혼의 싹은 우선 마음속에서 일기 시작하며, 법률적 수단은 그 외적 관념의 형식에 불과하다는 것을 그들로 하여금 깨닫게 했다. 따라서 이혼의 싹을 제거해야만 한다고 설득했다.

박사의 충고를 듣고 난 두 사람은 서로에게 걱정스런 모습을 보이는 대신, 사랑과 평화와 조화, 그리고 선의善意를 베풀기로 결심하였다. 그리고 그것을 실행에 옮겼다.

두 사람은 매일 밤 교대로 서로에게 시를 읽어 주며 자신의 마음을 전했다. 그들의 결혼 생활은 구름에 가렸던 햇빛이 온누리에 쏟아지듯 아름답고 평화롭게 펼쳐져 나갔다.

084

행복을 선택하는 습관을 길러라

Joseph Murphy's nomology of good success

당신은 행복을 선택할 자유가 있으며, 또
행복을 당신의 습관으로 만들 수도 있다

행복이란 마음의 상태를 뜻한다.

당신에게는 이 행복을 선택할 자유도, 불행을 선택할 자유도 있다. 단순한 허위의 말로 들릴지 모르지만 그것은 사실이다.

많은 사람들은 행복의 비결이 단순하다는 것을 모른다.

그러나 인생의 위대함은 단순함에 있다.

자, 그럼 행복을 선택하는 일부터 시작해 보자.

우선 아침에 잠에서 깨어나면 이불 속에서 자기 자신에게 조용히 이렇게 속삭여 보자.

"나는 오늘 행복을 선택한다. 나는 오늘 적절한 행위를 선택한다. 나는 오늘 모든 사람에게 사랑과 선으로 대한다. 나는 오늘 평화를 선택한다."

이런 말을 생명과 사랑과 흥미를 기울여 속삭여 보자.

그러면 당신은 행복을 선택한 셈이 된다. 그에 따라 외계의 상황도, 당신이 선택한 것을 증명할 수 있는 일이 일어나고 있다는 사실을 알 수 있을 것이다.

"오늘은 재수가 없다. 만사가 제대로 되는 일이 없군!"

"나는 성공하지 못할 거야."

"모두가 날 반대하고 있다."

"장사가 잘 안 돼서 적자가 날 것 같군."

"난 언제나 지각생이야."

"저녀석은 할 수 있지만 난 못 하겠어!"

이런 식으로 마음에 부정적인 생각을 품으면 결국 불행을 선택하게 된다.

만일 당신이 잠에서 깨어났을 때 이와 같은 마음의 태도를 취하게 된다면, 실제로 그와 같은 일을 자기 자신에게로 이끌어 오게 된다. 그러면 실제로 그러한 일을 자기 자신이 경험하게 되고, 나아가서는 불행하게 되는 것이다.

따라서 행복을 선택하는 습관을 길러야 한다.

085

마음 속의 긍정이
외적인 긍정을 낳는다

Joseph Murphy's nomology of good success

자신의 행복과 불행은 마음속에서 결정되어지는 법.
마음 속의 긍정은 외적인 긍정을 낳는다

"인간의 총화란, 그 사람이 하루 종일 생각하는 그 자체이다."

이것은 미국 철학계의 제일인자인 에머슨의 유명한 말이다.

그리고 또 로마 황제이자 위대한 철학자이며 성인聖人이었던 마르크스 아우렐리우스는 "사람의 일생은, 그가 인생을 어떻게 생각하였는가에 달려 있다."라고 말했다.

잠재의식의 진리에 대해 이처럼 훌륭하게 표현한 말은 다시 없을 것이다.

머피 박사는 샌프란시스코에서 매우 불행하게 펼쳐질 자기의 장래에 대해 몹시 실망하고 있는 어느 회사의 지배인을 만났다.

그의 마음속에는 자기 회사의 부사장과 사장에 대한 불만과 분노로 가득 차 있었다. 그는 이렇게 말했다.

"그들은 내가 하는 일엔 무조건 핀잔만 해대지요."

그의 마음속에는 이런 갈등이 도사리고 있었기 때문에 실적이 좋지 않았다. 때문에 주식 상여금도 받지 못하고 있었다. 그야말로 그는 인생의 위기에 직면해 있었다. 머피 박사는 그에게, 매일 아침 깨어났을 때 다음과 같이 긍정할 것을 권했다.

"우리 회사 직원들은 모두가 정직하고 성실하고 협조적이며, 모든 직원들에게도 선의로 대해 주고 있다. 그들은 우리 회사의 발전과 복리와 번영을 이루고 있는 정신적인 지주이다. 나는 생각할 때나 말할 때, 동료들 모두에게 사랑과 평화와 선의로써 대한다. 내 잠재의식의 무한한 지성이 나를 통해 모든 것을 결정하게 되므로, 내가 하는 직무상의 거래에 있어서도, 상호간의 인간 관계에 있어서도 적절한 행위가 있을 따름이다. 나를 비롯한 회사 직원들의 마음속에는 항상 평화와 조화가 지배하고 있다. 나는 지금 신념과 자신과 신뢰감에 충만되어 새로운 나날을 맞이하고 있다."

지배인은 이러한 묵상을 매일 아침 세 번씩 천천히 되풀이하며 '진리라고 실감했다. 그리고 문득 두려움이나 분노가 마음속에 떠오르면 곧장 이렇게 속삭였다.

"내 마음속에는 항상 평화와 조화와 침착이 지배하고 있다."

이렇게 자신의 마음을 재조정하기 시작한 지 약 15일이 되었을 때, 그의 사장과 부사장은 그의 직무 태도에 대해 칭찬을 아끼지 않았다. 마음 속의 긍정이 외적인 긍정을 낳았던 것이다.

086

상상으로 코트뿐만 아니라
남편까지 얻다

Joseph Murphy's nomology of good success

자신이 바라는 바를 신념을 갖고 잠재의식에 새겨 두면,
잠재의식은 그 원망을 이루어 준다

머피 박사가 단골로 다니던 양복점의 아가씨에 관한 이야기이다.

어느 날, 외출하고 돌아온 그 아가씨가 아버지에게 말했다.

"아빠, 오늘 시장에서 8천 달러나 하는 멋진 코트를 봤어요. 우리 형편
으로는 도저히 사 입을 수 없을 거라는 생각이 들었지만, 언젠가는 꼭 한
번 입어 보고 싶은 생각이 들어요. 정말 그 옷을 갖고 싶어요, 아빠!"

머피 박사의 이론을 알고 있던 그녀의 아버지는 이렇게 말해 주었다.

"그렇다면 그 코트를 네 몸에 걸쳐 보는 걸 상상해 보기도 하고, 마음속
으로 그 멋진 모피를 만지면서 부드러운 촉감을 느껴 보도록 해 보렴. 마
치, 네가 그걸 입고 있는 것처럼 말이다."

머피 박사의 이야기를 들은 적이 있는 그녀는 마음속으로 그 코트를 입
고 있는 모습을 상상해 보았다. 그리고 마치 어린아이가 예쁜 인형을 쓰다
듬으며 좋아하듯이, 코트를 입고 부드럽게 만져 보고 있는 자기의 모습을
상상했다.

마침내 그 아가씨는 자기가 그토록 바라던 코트를 실제로 입고 있는 기분까지 맛보게 되었다. 매일 밤, 마음속에 조용히 간직되어 있는 그 상상의 코트를 입고, 그것이 자기 것이 되었다는 기쁨을 맛보면서 잠들곤 했다.

그리고 나서 한 달이 지나도록 그녀에게 별다른 일은 생기지 않았다.

"나중까지 견디는 자는 구원을 얻으리라."

이처럼 그녀의 마음이 언짢을 때마다 마태복음 10장 22절을 떠올리곤 했다.

어느 일요일 아침, 그 아가씨가 머피 박사의 강연장에서 나오고 있는데, 한 젊은 남성이 지나다가 그녀의 발등을 세게 밟았다.

그는 그녀에게 정중히 사과하면서 그녀를 집에까지 차로 태워다 주겠다고 했다. 그녀는 기쁜 마음으로 그의 호의를 받아들였다.

그 일로 인해 두 사람의 교제가 시작되었는데, 얼마 후 그 남성은 그녀에게 청혼을 했고, 다이아몬드 반지를 선물로 보낼 때 그는 이렇게 말했다.

"나는 정말 멋진 코트를 봤어요. 당신이 그걸 입으면 한결 더 아름다울 것 같군요."

두 사람은 그 코트를 사러 갔다.

그런데 이게 어찌 된 일인가!

그 코트는 바로 그 아가씨가 오랫동안 입고 싶어했던 매혹의 코트였던 것이다. 그 아가씨는 자기가 바랐던 코트뿐만 아니라 남편까지 얻게 되었던 것이다.

087

부정의 습관을 뿌리째 뽑아라

Joseph Murphy's nomology of good success

잠재의식은 누구에게나 있다.
그것은 외계의 모든 광경이나 소리,
그리고 대상물로부터 차단된 고요 속에서 이루어진다

한 중년의 사나이가 머피 박사에게 우울한 표정을 지어보이며 괴롭다는
듯이 말했다.

"내 꿈은 아들녀석을 대학에 보내고 새 집을 사는 일인데, 모든 일이 뜻
대로 되지 않는군요."

이 말을 듣고 머피 박사가 그에게 말했다.

"신의 힘은 세상의 어느 사람에게나 미칩니다. 조용히 때가 올 때까지
의식의 표면에 드러나는 것을 기다려 보십시오. 그것을 만나려면, 우선 자
기를 외부의 모든 광경이나 소리나 일로부터 차단해 버리고, 고요 속에서
긍정적인 심상心象을 만들어 그러한 기분에 젖어 들도록 하십시오. 그리고
매사에 부정적인 면만을 보아 왔던 오래된 나쁜 습관을 뿌리째 뽑아 버리
십시오."

그는 이러한 머피 박사의 지시에 따라, 늦은 밤 조용할 때 모든 주의력을
집중하여 아래와 같이 긍정적인 생각을 해 보았다.

"무한한 지성이 나를 위하여 길을 열어 주고 있다. 그리고 나는 신적인 행복을 받음으로써 번영해 간다. 신이 아들녀석을 대학에 들어가도록 도와준다. 풍요한 부(富)가 내 곁에 다가온다."

그 뒤 얼마 안 되어, 그는 갑자기 옛 직장의 고용주를 찾아가고 싶은 생각이 들었다.

그가 옛 고용주를 찾아갔을 때, 그는 많은 급료를 줄 테니 함께 일해 보자고 제의했다.

그가 승낙하자, 고용주는 공장 근처에 있는 자기 집을 그에게 싼 값으로 물려주었다. 그후, 그의 급료는 더욱 오르고, 아들을 대학에 보내는 문제는 자연히 해결되었다.

그는 자기의 마음속으로부터 그에 대한 해답을 이끌어 냈던 것이다. 고요한 밤에 신의 사랑과 만능을 조용히 묵상함으로써 뜻을 이루었다.

088

감각적인 오감五感을 차단하고
정적을 실천하라

Joseph Murphy's nomology of good success

정적靜寂은 사람과 신을 융합시킴으로써
사람의 마음에 영양을 공급하고 생기를 회복시킨다

정적은 마음의 안식이다. 마치 수면이 몸의 피로를 회복시키고 새 힘을
불어넣듯이, 정적은 사람과 신을 융합시킴으로써 사람의 마음에 영양을 공
급하고 생기를 회복시켜 준다.

에머슨은 이렇게 말하고 있다.

"신들의 속삭임을 듣기 위해 조용히 하라!"

여기서 말하는 신들이란, '잠재의식의 지성'이라고 보아도 될 것이다.

신들은 절대로 큰 소리로 속삭이는 일이 없다.

따라서 조용한 시간을 갖지 않은 마음에는 들려 오지 않는다.

정적은 당신의 주의력과 감각의 작용이 외계로 흩어지는 것을 막아준다.
또한 정적이란, 잠재의식의 무한한 예지가 반드시 감응하여 당신에게 해답
을 명시해 줄 것을 예기豫期하면서, 사념의 초점을 당신의 이상·목표·목적
등에 맞추는 침묵의 상태를 말한다.

감각적인 오감五感으로 지각되는 기계로부터 자기를 차단하고, 현명한 정

적을 실천하는 일을 몇 번이고 되풀이해 보라. 그런 다음, 당신의 소원이나 아이디어의 실체를 마음속으로 묵상해 보라.

그러면 당신에게 아이디어를 안겨다 준 무한한 예지는 아이디어의 실현과 개화開花를 위해 완전한 계획을 명시해 줄 것이다.

한 어머니가 머피 박사를 찾아가서, 자기 아이들이 말을 듣지 않아 미칠 것 같다고 호소했다.

머피 박사가 그녀에게 말했다.

"매일 아침, 조용히 홀로 앉아서 성경의 〈시편〉중 한 구절을 읽으십시오. 그리고 나서 눈을 감고 주위의 모든 것으로부터 자기를 격리해 보십시오."

실제로, 그녀는 여러 가지 일들을 조용히 묵상해 볼 필요가 있었다. 신의 무한한 사랑과 끝없는 지혜, 완전한 조화에 관해 생각해 볼 필요가 있었으며, 자기 아이들을 둘러싸고 있는 사랑과 평화와 기쁨의 분위기를 느낀다거나, 사랑과 평화가 자기의 마음을 충만시키고 아이들도 평화와 미美와 사랑과 지혜와 이해 가운데서 성장해 간다는 것을 확신할 필요가 있었다.

그녀는 머피 박사의 말대로 실천했다. 그 결과, 그녀의 정신적 축전지가 재충전됨으로써 그녀의 생활은 전면적으로 호전되었다.

089
어느 여비서의 증오

잠재의식은 녹음기와 같아서 당신이
습관적으로 생각하고 있는 것을 재현해 준다

성경에 '황금률黃金律'이란 것이 있다.

"타인으로부터 도움을 받고 싶거든 네가 먼저 타인에게 베풀어라."

이것이 바로 황금률이다.

이것을 다른 말로 바꾸면, '당신이 남한테 비난받고 싶지 않은 것처럼 당신도 타인을 비난해서는 안 된다.'는 것이다.

이는 또 '당신이 저울질하여 받으면 다른 사람도 당신의 물건을 받을 때 저울질한다.'는 말과 같다.

어떤 여비서가 회사의 동료 여직원들에게 몹시 화를 내고 있었다. 그녀의 말에 의하면, 동료 여직원들이 자기에 대해 있는 말 없는 말을 마구 지어내어 좋지 않은 소문을 퍼뜨렸다는 것이다.

"나는 남자는 좋지만, 여자는 싫어!"

그녀는 이렇게 말하며 동성同性을 증오하고 있었다.

머피 박사가 그녀를 관찰해 본 결과, 그녀는 회사에서 자기보다 어린 여직원들에게 교만했을 뿐만 아니라, 쓸데없이 고압적인 태도로 상대에게 욕설을 퍼붓고 있었다는 것을 알았다.

머피 박사가 그녀에게 잠재의식의 법칙을 설명해 주자, 두뇌가 명석한 그녀는 그 법칙을 곧바로 이해했다. 그리고 그녀는 다음과 같은 기원을 규칙적으로 실행하여 몸에 배도록 했다.

"나는 애정을 쏟아 조용히 평화롭게 생각하고 말하며, 행동하겠다. 나를 비판하면서 헛소문을 퍼뜨리는 모든 여자들에 대해 나는 사랑과 평화와 관용과 친절로써 대하겠다. 부정적인 반응을 일으키려고 할 때에도 나의 내적인 조화·건강·평화의 원리라는 견지에서 생각하고, 말하고, 행동해야 한다고 단호히 나 자신에게 말한다. 창조적인 지성은 모든 점에 있어서 나를 인도하고 지배하며 안내해 준다."

그러고 나서 멀지 않아 그녀는 남을 증오하는 마음이 완전히 사라져 버렸다.

090

자기를 미워하는
사람들을 축복하라

Joseph Murphy's nomology of good success

당신의 마음은 창조력이 있는 매개체이다.
따라서 당신이 타인에 대해 생각하거나
느끼는 일은 당신 자신의 체험이 된다

잠재의식은 만능의 힘을 갖고 있지만, 그것이 현실로 나타날 때는 반드시 개개인의 의식하는 마음을 통하여 작용한다. 당신이 생각하고 느끼고 있는 것은 당신의 체험으로써 현실화한다.

따라서 당신은 자기가 생각하고 느끼고 행동하는 것에 대해 주의하지 않으면 안 된다.

어느 날, 한 세일즈맨이 머피 박사를 찾아와서, 자기 회사의 세일즈 매니저와 함께 일해 나가기가 어렵다고 말했다. 그 회사에 10년 동안이나 근속해 왔는데 전혀 승진도 못 했고, 또 아무런 인정도 받지 못했다고 했다. 그러면서 그는 머피 박사에게 자기의 판매 실적을 보여 주었다. 그것은 그 지역의 다른 사람에 비해 대단히 좋은 실적이었다.

그의 말에 의하면, 그 세일즈 매니저는 자기를 미워하여 부당하게 취급하고, 회의석상에서도 딱딱하게 대하는가 하면, 때때로 나의 제안을 일소에 붙이기도 한다는 것이었다.

그는 그 매니저에 대한 분노와 반감으로 가득 차 있었다. 즉, 그는 언제나 세일즈 매니저에 대한 비평이나 비난, 그리고 험담에 대해 자기 자신이 자문자답하고 있었다.

머피 박사는 그에게 이렇게 말해 주었다.

"마음속에서 내뱉는 말이나 생각은 반드시 현실의 세계에서 되살아난다는 사실을 명심하십시오."

박사로부터 이러한 사실을 지적받은 세일즈맨은 자기의 사고방식이 극히 파괴적이었음을 깨닫고, 그후부터는 그 매니저의 건강과 성공, 마음의 평화, 그리고 행복을 기원했다.

그리고 밤에 잠들기 전에는, 자기의 굉장한 일솜씨에 대해 매니저로부터 칭찬받는 광경을 상상했다. 그와 악수하는 모습을 생각했고, 그의 목소리를 생각했으며, 그가 미소 짓는 모습을 아무런 증오 없이 보았다. 그러는 가운데, 그는 점점 이러한 생각들이 마음속에 현실처럼 느껴져 왔다.

이러한 점진적인 정신적 침투에 의하여 그의 잠재의식 속에 그러한 모습들이 새겨지고, 그 효과가 자연히 현실로 나타났다.

매니저는 그를 발탁하여 1백여 명의 직원을 거느리는 부장으로 승진시켰고, 이에 따라 급료도 대폭적으로 올려 주었다.

091

타인을 축복하는 것은
자신을 축복하는 것이다

Joseph Murphy's nomology of good success

타인을 용서할 수 없는 것은 언제까지나 아픔이 가시지 않는
상처를 갖고 있는 것과 같다. 그러므로 당신의 마음에 상처를
입히려는 자가 나타나면 오히려 그를 위해 기원하고 축복해 주어라

1년쯤 전에 당신의 손에 상처를 입었다고 생각해 보라.

처음에는 그 상처가 몹시 아팠지만, 지금은 아프지 않다.

대자연의 생명이 상처를 낫게 하고, 그 아픔을 빼앗아 가기 때문이다.

이와 마찬가지로, 만일 누군가가 당신에게 거짓말을 하고, 당신을 중상하고 악담을 했을 때, 당신은 마음에 상처를 입게 될 것이다.

당신은 이런 사람을 생각할 때 기분이 어떠한가?

불쾌한 기분이 드는 것은 아닌가?

아니, 그 사람을 생각하면, 오장육부가 뒤틀리는 듯한 기분이 드는 것은 아닌지……

만일 그렇다면, 증오의 뿌리가 아직도 당신의 마음속에 남아 있음으로써 당신과 당신의 선^善을 파괴하고 있는 것이다. 그것은, 영원히 가시지 않는 아픈 상처를 몸에 지니고 있는 것과 같다.

몸에 입은 상처는 언젠가는 낫게 마련이다. 왜냐 하면 낫는 것이 대★생

명의 의지이며, 당신도 빨리 나으리라고 생각하고 있기 때문이다. 즉, 당신은 대생명과 같은 의도를 갖고 있기 때문이다.

그런데 마음의 상처가 언제까지나 치유되지 않고 아픈 이유는 무엇 때문일까?

그것은 당신이 대생명의 의도에 반하여, 상대를 용서하려 하지 않기 때문이다.

잘 생각해 보라.

자기의 생각과 반응과 감정의 주인은 다름 아닌 당신 자신이다. 따라서 주인인 당신이 상처를 입지 않겠다고 단호히 마음먹는다면, 당신의 마음은 상처 입을 까닭이 없다.

당신의 마음에 상처를 입히려는 자가 나타나면, 오히려 그를 위해 기원하고 축복해 주라. 이런 때 타인을 축복한다는 것은 두말할 것도 없이 당신 자신을 축복하는 일이 되기 때문이다.

타인을 증오하는 마음은 당신 자신을 증오하는 것임을 명심해야 한다. 이것이 잠재의식의 진리이다.

092

용서는 나의 자유이자
상대의 자유이다

Joseph Murphy's nomology of good success

상대를 용서한다는 것은 상대를 방면放免해 주는 것이다.
그뿐만 아니라, 상대의 잘못을 용서할 수 있다면
당신의 인생에 기적이 일어난다

남의 잘못을 용서한다는 것은 실로 어려운 일이다.

남의 잘못을 용서할 수 있다면 당신의 인생에 기적이 일어난다.

그 방법을 소개한다.

우선 마음을 차분히 하고 온몸의 긴장을 풀어 준다.

그리고 우주의 대진리에 관하여 아래와 같이 긍정한다.

"나는 ㅇㅇㅇ를 아주 흔쾌히 용서해 준다. 정신적으로 그를 해방시켜 준다. 나는 그가 내게 저지른 잘못에 대해 모두 용서해 준다. 이제 나는 자유이며, 그 사람도 자유이다. 홀가분한 기분이다. 오늘은 내가 큰 용서를 해 주는 날이다. 나는 지금까지 나를 괴롭혔던 사람들을 오늘부로 모두 용서해 준다. 그리고 모든 사람들에게 건강과 행복·평화·번영이 있기를 진심으로 빈다. 나는 이 일을 기분 좋게, 흔쾌히, 애정이 깃들인 마음으로 용서한다. 이제 나도 당신도 자유롭다."

이것은 그야말로 굉장한 말이다.

이렇게 일단 그 사람을 용서해 주었으면 또다시 되풀이하여 용서할 필요는 없다. 그 사람으로부터 지난날에 입었던 상처가 또다시 머리에 떠오를 때에는 간단히 마음속으로 이렇게 말하라.

"당신에게 평화가 있기를!"

한번 용서해 준 사람을 또다시 당신의 마음속에 간직할 필요는 없으며, 또다시 방면할 필요도 없다.

이렇게 축복해 주면 얼마 안 지나서 그 사람에 대한 나쁜 감정이 점점 사라져 가는 것을 느끼게 될 것이다.

093

당신이란 존재는
습관에 의해 만들어졌다

Joseph Murphy's nomology of good success

현재의 당신은 여태까지 있었던 습관의 덩어리와 같다.
습관은 잠재의식의 형태를 말하므로, 우선 이 형태를 바꾸어라

습관은 당신의 잠재의식의 작용이다.

따라서 당신이란 존재는 이 습관에 의해 만들어진 것이다.

수영·자전거·댄스·자동차 운전 등을 자유 자재로 할 수 있는 것은, 그것을 배울 때 몇 번이고 의식적으로 되풀이하여 연습했기 때문이다. 즉, 잠재의식 속에 노선路線을 확립하였기 때문이다.

일단, 이렇게 되면 잠재의식의 자동적인 습관이 그 뒤를 이어받게 된다.

이것은 제2의 천성天性이라고 할 수 있는데, 이러한 제2의 천성은 결국 당신의 생각이나 행위에 대한 잠재의식의 반응이다.

존스는 지나친 음주 습관으로 인해 몹시 괴로워하고 있었다. 자신의 의지로 몇 번이고 술을 끊으려고 했지만 그는 번번이 실패하고 말았다.

그럴 때마다 '나는 무기력하다.'라는 관념이 그의 잠재의식 속에 강력한 암시로 작용하여 그의 약점을 더욱 악화시켜만 갔다.

그 결과, 그의 인생은 실패의 연속이었고, 마침내는 아내와 별거까지 하

게 되었다.

이러한 상담을 받은 머피 박사는 '의지'에 의한 금주의 시도를 말렸다. 그것은 괜히 마음의 격투만 유발시키기 때문이었다. 그러고 나서 그에게 이렇게 권했다.

"우선, 몸을 편안하게 하고, 안정된 마음으로 몽롱한 명상 상태에서 자기의 원망(願望)을 충족시키는 일에 길들여지도록 하십시오."

그는 이 잠재의식에 의한 방법을 실천에 옮겼다.

그는 우선 머피 박사의 말처럼 자신의 몸과 마음을 편안히 하고 몽롱한 명상 상태로 들어갔다. 그러고는 자신의 딸이 기뻐하며 말하는 모습을 상상했다.

"아빠가 집에 계시니 정말 좋아요! 그리고 무엇보다도 아빠가 술을 마시지 않으셔서 너무 좋아요."

정신이 산만해지며 술을 마시고 싶을 때마다 그는 곧 마음을 가다듬고, 미소를 띠고 있는 딸과 따뜻한 분위기에 감싸인 가정의 정경을 마음속에 그려 보았다.

그러는 사이, 그의 잠재의식 속에는 새로운 습관이 형성되어 가고 있었다. 술을 마시는 자기보다 '행복한 가정의 일원으로서의 자기'라는 이미지가 마음속에 정착되어 가기 시작했다.

그는 어느 틈엔가 술을 마시지 않게 되었고, 마침내 행복한 가정으로 되돌아오게 되었다.

그는 이런 방법을 사업에도 이용하였다. 그 결과, 그는 콘체른의 재벌이 되었던 것이다.

094

문제는 바로 자기 마음속에 있다

Joseph Murphy's nomology of good success

악연惡緣에 대한 생각은 빨리 잊을수록 좋다.
악연을 잊지 못하면 악순환이 계속된다

브록 씨는 연수입이 남보다 5배나 높은 유능한 세일즈맨이었다. 그런데 최근 3개월 동안은 이상하게도 세일즈를 위해 방문하는 집마다 거절당하기가 일쑤였다. 그런가 하면, 고객으로부터 사인만 받으면 되는 마지막 단계에서 일이 꼭 틀어지곤 했다.

그는 뭔가 잘못돼 가고 있음을 느끼고 머피 박사를 찾아가서 상담을 했다.

머피 박사는 그로부터 자세한 말을 듣고 다음과 같은 사실을 알았다.

3개월 전에 브록 씨는 계약서에 서명해 주겠다고 약속한 치과 의사가 중도에서 마음이 변해 거절하자 화가 머리끝까지 치밀어 올랐었다.

그 뒤로 그는 그 치과 의사만 생각하면 속이 상했고, 그가 미워지기까지 했다. 그러면서 그는 무의식적으로, '다른 고객들도 그 치과 의사처럼 막판에 가서 마음이 변하면 어떡하나?' 하는 불안 속에서 고객들을 상대했던 것이다.

그의 마음속에 서서히 그러한 장해가 생기고, 마지막 단계에서 계약이 취소되었다는 불안감이 싹틈으로써 그러한 악순환은 계속 되풀이되었던 것이다. 즉, 그의 좌절과 반감이 실패의 원인이었다.

성경에 이런 내용이 있다.

"내가 가장 두려워했던 것이 나에게 닥쳐온 것이니라."

그러니까 브록 씨의 문제는 다른 데 원인이 있었던 것이 아니라 바로 자기 마음속에 있었던 것이다.

머피 박사로부터 이러한 설명을 듣고 난 브록 씨는 자기의 심적 태도를 바꾸는 것이 중요하다는 사실을 깨달았다.

브록 씨는 매일 아침 고객을 찾아가기 전에 이렇게 기원했다.

"나의 잠재의식은 어떠한 일에도 장해나 곤란이란 있을 수 없다. 나는 무한한 잠재의식의 지성과 일체가 되리라. 나의 잠재의식에 모든 일을 맡기겠다. 좋은 결과가 나타나리라 믿고 기대한다. 지나간 일은 나에게 도움이 되지 않으니 잊겠다. 나에게 도움을 줄 수 있는 것은 과거가 아니라 미래이다. 전지 전능한 잠재의식이 나의 앞길을 보장해 주리라 믿고 기대한다."

매일 아침 고객을 찾아가기 전, 그리고 매일 밤 잠들기 전에 그는 이러한 기원을 되풀이하였다. 그리고 마음 속 깊이 잠재의식이 자기의 기대에 대답해 줄 것임을 긍정하며 실감했다.

얼마 지나지 않아 과거의 좋지 못한 경험이 점점 잠재의식에서 사라지며 새로운 습관이 그 자리를 차지하기 시작했다. 그 결과, 예전보다 더욱 많은 성과를 이루게 되었다.

095

알코올 중독에서 벗어나는 방법

Joseph Murphy's nomology of good success

알코올 중독은 부정적·파괴적인 사고思考가 주원인이다.
알코올 중독으로부터 벗어나려면 우선 자기가
알코올 중독자라는 사실을 솔직히 인정해야 한다

알코올 중독자들은 하나같이 심각한 열등감과 부적응·패배감, 그리고 좌절감을 느끼고 있다. 뿐만 아니라 마음 한 구석에는 내적인 적의敵意까지 품고 있다.

알코올 중독자는 술을 마시기 위해 참으로 많은 이유를 들고 있다. 그러나 그 유일한 이유는 그 사람의 사고思考에 있다.

알코올 중독으로부터 벗어나려면 우선 자기가 알코올 중독자라는 사실을 솔직히 인정하지 않으면 안 된다. 많은 사람들이 알코올 중독으로부터 벗어나지 못하는 이유는 좀처럼 그러한 사실을 인정하려고 들지 않기 때문이다.

만일 당신에게 지나친 음주 습관이 있다면, 그것은 당신이 내적인 불안감을 갖고 있기 때문이다. 그러는 당신은 알코올 중독의 책임을 회피하기 위해 인생에 정면으로 맞서기를 거부한다.

그러나 잠재의식의 견지에서 본다면, 이것은 자기 스스로가 만든 심리학적 뇌옥牢獄에 사는 것과 같다. 자기의 잘못된 신념·의견·훈련, 그리고 환경의 영향에 의하여 묶여져 있는 상태인 것이다.

태어났을 때부터 알코올 중독자인 사람은 없다. 그것은 반드시 습관에 의하여 만들어진다.

잠재의식은 만능인 까닭에, 잠재의식의 법칙을 이용하면 당신의 알코올에 대한 욕구까지도 모두 사라지게 할 수 있다.

여기에 그 방법을 소개한다.

우선, 몸과 마음을 편안하게 하고, 졸린 듯한 몽롱한 상태에 몰입하도록 한다. 이 안일하고 평화적·수동적인 상태에서, 마음 깊숙한 곳에 있는 '세상에 대한 적의'를 제거해 버리고, 평화와 대大생명에 관해 묵상한다.

그리고 다음과 같은 말을 조용히 몇 번이고 단호하게 말한다.

"이 순간부터 단주斷酒와 마음의 평화는 내 것이다. 이에 감사한다."

그리고 나서 술로부터 해방된 당신을 축하해 주는 아내나 친구들의 미소와 환호를 마음속 깊이 실감할 때까지 상상의 나래를 편다. 그리고 만족감이 용솟음치는 당신 자신을 상상해 보라.

그러면 당신이 바라는 일은 반드시 실현될 것이다.

096

무대 공포증을 극복하는 방법

Joseph Murphy's nomology of good success

공포는 인류 최대의 적이다. 실패나 질병, 좋지 않은
인간 관계의 배후에는 반드시 공포가 숨어 있다

성악을 전공하고 있는 젊은 여학생이 있었다.

아름다운 목소리를 갖고 있는 그녀는 여러 번 무대에 나섰지만, 그때마다 매번 무대 공포증 때문에 실패를 거듭했다.

심리학적으로 말한다면 '공포'는 잠재의식에 대한 명령인데, 잠재의식은 그 명령에 따라 공포를 그대로 표현하게 되므로 실패를 하게 되는 것이다. 이로 인해 그녀는 무대에서 틀린 음부音符로 불러 쓰러진 채 울부짖는 추태까지 보인 적도 있었다.

이토록 무참하게 쓰러졌던 그녀가 무대 공포증을 극복한 방법은 다음과 같다.

그녀는 하루에 세 번씩 방 안의 팔걸이 의자에 앉아 몸과 마음을 편안히 하고 눈을 감았다. 될 수 있는 대로 그녀는 몸과 마음을 차분히 가라앉혔다. 몸을 움직이지 않으면 마음도 수동적이 되므로, 마음의 암시에 따라 움직일 수 있도록 조정했다. 그리고 그녀는 마음속으로 다음과 같이 속삭이곤 했다.

"나는 노래를 떨지 않고 아름답게 부를 수 있다. 나는 침착하고 편안하게 노래를 잘 부를 자신이 있으므로 안정감을 느낀다."

그리고 자기가 무대에 당당히 서서 아름답게 노래 부르는 모습을 마음속 깊이 그려 보았다.

그녀는 이렇게 자신의 마음속에 있는 공포를 극복해 나갔다.

그녀는 매일 5~10분씩 이러한 생각을 천천히, 그리고 조용히 감정을 불어넣으며 되풀이했다.

그로부터 1주일이 지나자, 그녀는 자신을 갖고 무대에 나설 수 있게 되었다. 그리고 자신의 뛰어난 노래 솜씨를 많은 사람들 앞에서 선보일 수 있었다.

097

시험을 잘 치르는 비결

Joseph Murphy's nomology of good success

구두 시험이든 필기 시험이든 일시적 기억 상실의
그늘에는 공포가 숨어 있다. 공포로부터 벗어나서
자유롭게 되지 않으면 지식은 되살아나지 않는다

대부분의 사람들은 시험을 칠 때, 암시로부터 오는 일시적 기억 상실증
에 걸리게 된다.

그 사람들이 호소하는 내용은 언제나 똑같다.

"글쎄, 시험을 칠 때는 답이 생각나지 않다가, 정작 시험을 끝내고 나면
그 정답이 생각나는 거야!"

아마, 당신도 이런 경험이 있을 것이다.

공포는 실패를 생각하고 있기 때문에 나타난다. 그런데 여기서 중요한 점
은, 실패를 생각하고 있으면 당연히 실패할 수밖에 없다는 사실이다.

어느 젊은 의과 대학생에 대한 이야기를 소개해 보겠다.

이 학생은 자기 학급에 머리가 제일 좋음에도 불구하고 필기 시험이든
구두 시험이든 시험만 치게 되면 간단한 질문에도 대답하지 못했다.

그는 시험 보기 며칠 전부터 시험 칠 일을 걱정하거나 두려워하고 있었
다. 이는 결과적으로 자신의 잠재의식에 대해 실패를 요구한 것이나 다름

없다.

머피 박사는 그에게 이렇게 설득했다.

"잠재의식은 기억의 창고라네. 그러므로 자네의 경우 이것은 의학을 공부할 때 반응을 일으키지. 이러한 잠재의식과 좋은 관계를 맺기 위해서는 편안하고 평화로운 기분으로 자신을 가져야 하네."

머피 박사의 말을 새겨들은 그 의학도는 마음속으로, 자기가 훌륭한 성적을 올려 어머니로부터 축하받는 광경을 상상해 보았다. 틀림없이 만족한 결과가 나타날 것을 확신하며 마음 속 깊이 실감했다.

그는 행복한 결과를 상상함으로써 그 결과를 실현시킬 수 있는 수단을 기원하였던 것이다. 그 결과, 시험에 성공하였다.

098

각종 나쁜 공포감을 극복하는 방법

Joseph Murphy's nomology of good success

강을 건너는 것이 무서우면 헤엄을 쳐라.
무익無益한 공포는 상상 속에서 체험하는
잠재의식의 법칙에 의해 반드시 극복할 수 있다

공수증恐水症·공산증恐山症·폐소 공포증閉所恐怖症 등이 몹시 심한 사람이
있다.

인간이 태어날 때부터 지니고 있는 공포에는 두 가지가 있는데, 낙하落下
에 대한 공포와 소리에 대한 공포가 그것이다.

이것은 자연이 인간에게 부여해 준 일종의 정보 조직으로, 이러한 공포
는 지극히 정상적이며 유익한 것이다. 그 한 예로 자동차가 가까이 다가오
는 소리를 듣고 옆으로 비켜서는 것은 공포에 대한 정상적인 반응이다.

그러나 여기서 말하고자 하는 공포증은 정상적인 공포가 아닌 이상스러
운 공포증이다.

이것은 인간에게 있어 대단히 해로울 뿐만 아니라 파괴적이다. 이러한 공
포증에 젖어 있으면 필연적으로 그 공포증이 현실로 다가오게 된다.

그러나 마음속에 이런 나쁜 공포감이 일어날 경우에 이것을 극복하는
방법이 있다.

만일 공수증이 있다면, 하루에 3~4회씩 5~10분 동안 조용히 앉아서 자기가 물 속에서 헤엄치고 있는 모습을 상상해 보자. 그러면 실제로 당신은 마음속에서 헤엄치고 있게 된다. 이것은 당신의 주관적인 체험이 되는데, 이때 당신은 물의 차가운 느낌과 손발의 움직임을 느끼게 될 것이다.

그러한 선명한 상상은 모두가 마음속에 현실처럼 다가오며 기쁨을 가져다 준다. 그것은 절대로 백일몽이 아니다. 당신이 상상 속에서 체험하고 있는 것은 당신의 잠재의식 속에서 현상現想되고 있기 때문이다.

그러면 당신은 당신의 마음 속 깊이 새겨 두었던 영상을 거리낌없이 현실의 세계로 표출하지 않을 수 없게 된다.

이것이 잠재의식의 법칙이다.

높은 산이 무서울 때도 이와 같은 방법을 이용하면 된다. 자기가 산에 오르고 있는 모습을 상상하고, 그것의 현실성을 느끼면서 주위의 풍경을 즐겁게 관찰해 보는 것이다.

이렇게 되풀이하다 보면 그것을 육체적으로 상쾌하게 받아들일 수 있을 뿐만 아니라, 즐거운 기분을 느낄 것이라는 확신을 얻을 수 있다. 그리고 정말로 해로운 공포를 극복할 것이다.

099

공포심이 일면
현 상황을 바꾸어 놓아라

Joseph Murphy's nomology of good success

마음속에 어떤 공포심이 일어나면 상황을 바꾸면 된다.
그렇게 하면 두려워하는 것이 무엇이든 간에
당신이 갈구하는 형태로 해결할 수 있다

'마음속으로 실패가 걱정되면 성공에 대해 주의를 집중하라.'

'질병이 무서우면 건강에 관해 생각하라.'

'죽음이 두려우면 영생永生에 관해 생각하라.'

신은 대大생명이며, 이는 또한 당신의 생명이기 때문이다.

마음속에 공포심이 일면 '상황을 바꾸어 놓으면 된다.' 그러면 당신이 두려워하는 게 무엇이든 간에 당신이 갈구하는 형태로 해결할 수 있다.

병에 걸렸다면 건강을 기원해야 한다.

자신이 공포에 사로잡혀 있으면 공포로부터 자유를 기원해야 한다. 훌륭하고 선한 것을 기대하며, 마음을 좋은 쪽으로 돌려야 한다. 그리고 당신의 잠재의식은 항상 당신에게 명쾌한 해답을 내려 준다고 확신한다.

나는 가난한 한 수재秀才를 알고 있었다.

그 학생은 경제적으로 대단히 어려웠으므로, 자신이 졸업할 때까지 장학금을 받을 수 있을지에 대해 몹시 걱정하고 있었다. 그는 머리가 좋았지만,

그 걱정스러운 마음으로 인해 공부에 전념할 수가 없었다.

내가 이 학생에게 '장래의 소망이 무엇이냐?'고 물었을 때, 그는 '외국 문학을 공부하는 학자가 되고 싶다.' 고 대답했다.

그래서 나는 그에게, '그렇다면 자기가 대학 강의실에서 강의하고 있는 모습, 서재에서 연구하고 있는 모습, 외국 대학에 유학하고 있는 모습 등을 상상하고, 바로 눈앞에 닥친 걱정일랑 염두에 두지 말라.'고 권했다. 특히, 장래의 이상적인 서재의 설계도를 그래프 용지에 그려 보라고 권했다.

그는 내가 한 말을 귀담아 듣고 이를 실행에 옮겼다.

그후 그에게는 기적과도 같은 일들이 차례대로 일어났다. 여러 곳으로부터 장학금을 타게 되었을 뿐 아니라, 외국으로 유학도 가게 되었던 것이다.

그는 지금, 그가 학생 시절에 설계했던 모습의 서재에서 연구에 몰두하고 있다. 그가 만일 돈 걱정에서 헤어나지 못했더라면 아마 대학 졸업은 좀 어려웠을 것이다.

100

잠재의식에는 노화老化란 없다

Joseph Murphy's nomology of good success

당신의 인생에 있어서 가장 생산적인 연령은
65세부터 95세까지라고 할 수 있다

당신의 잠재의식은 결코 시들거나 사그라지지 않는다. 그것은 시간을 초월하며 시대를 초월한다. 그것은 태초부터 존재하고 있었던 보편적 생명의 일부이며, 결코 끝나는 일도 죽는 일도 없다.

잠재의식은 대해大海의 물과 같아서 끝없이 넓고 깊다. 그 대해의 표면에는 끊임없이 물결이 일고 있다. 개개인의 의식하는 마음이라고 할 수 있는 그 하나하나의 물결은 제각기 형태를 달리하고 있다. 그러나 결국 그것은 대해의 표면에서 일며, 잠깐 그 모습을 달리한 것에 지나지 않는다. 그러한 물결은 잠시 후엔 반드시 다른 모습으로 변해 버린다.

천지가 개벽한 이래로 인간이 얼마만큼이나 살았겠는가. 세상의 모든 것은 끊임없이 태어났다가 스러져 간다. 그 어떤 물질도 마침내는 제 모습을 잃고 스러져 간다. 그리고 또 다른 물결이 일기 시작한다.

지금 어떤 물결이 사라진다고 하여 슬퍼할 필요는 없다. 어쨌든 모든 물결은 같은 대해의 물이 되고, 이어 또다른 물결이 되기 때문이다.

이 대해大海에 비교할 수 있는 잠재의식에 의뢰하는 길만이 하나하나의 물결에 해당하는 우리가 안심 입명安心立命:생사의 도리를 깨달아 몸을 천명에 맡김을 얻고, 충실하고 행복한 인생을 영위할 수 있다.

바닷물의 다함이 없는 것처럼 잠재의식에도 노화란 있을 수 없으며, 따라서 당신의 마음 또한 영원하다.

오하이오 주의 신시내티에 있는 한 의사는 이렇게 말했다.

"인간의 마음이나 육체에 해로운 영향을 미치는 것은 시간에 대한 공포이지 결코 시간 그 자체가 아니다. 따라서 오래 되었다고 반드시 노화 현상을 일으키는 것은 아니다."

다윈이나 칸트가 중요한 업적을 이룬 것은 60세 이후였다.

"하나의 돌멩이를 보고 있노라면, 돌멩이의 마음과 내 마음이 살며시 하나로 묶어지노라."

이는 잠재의식을 예술적인 면에서 갈파한 명언으로서, 기억해 둘 만한 일이다.

로마의 애국자 카토Marcus Porcius, Cato Censorius는 80세에 그리스어를 배웠다. 독일계 미국인으로서 위대한 가수였던 헹크 부인이 성공의 절정에 이른 것은 그녀에게 손자가 생긴 뒤의 일이었다.

노인들의 몸에 배어 있는 교양을 본다는 것은 즐거운 일이다. 맥아더 장군, 트루먼, 아이젠하워 장군, 미국의 재정가財政家 버나드 바루크 등은 모두 재미있는 사람들로서 활동적이었다. 그들의 재능과 지혜는 세계 인류를 위해 엄청난 공헌을 했다.

그리스의 철학자인 소크라테스는 80세 때 악기 연주를 배웠다. 미켈란젤로가 가장 훌륭한 그림을 그릴 수 있었던 것은 80세 때였다. 시오스 시모니데스는 80세에 시문학상詩文學賞을 받았고, 괴테는 80세에 《파우스트》를 썼다. 또한 제포르트 폰 랑케는 《세계사世界史》를 80세에 집필하기 시작하여 92세 때 완성하였다. 알프레드 테니슨이 당당한 시 〈죽음〉을 쓴 것은 83세 때였고, 아이작 뉴턴은 85세에 이르러서도 연구에 몰두했다. 존 웨즐리는 83세 때 메더디스트 교회를 지휘하였고, 교리를 설교하였다.

선배들을 존중하고 그들에게 인생을 꽃피울 수 있는 기회를 주도록 하라. 그리고 당신은 은퇴 후에 생명의 법칙과 잠재의식의 경이로움에 흥미를 갖고, 평소 당신이 해 보고 싶었던 일을 착수하도록 하라. 새로운 문제를 공부하고 새로운 것을 연구하라.

부 록

제1장

잠재의식과 행복

Joseph Murphy's nomology of good success

미국 심리학의 아버지 윌리엄 제임스는 이렇게 말하였다.

"19세기 최대의 발견은 물리학 분야가 아니라, 신념의 감명을 받은 잠재의식의 힘이다."

우리 인간들에게는 세상의 어떤 문제도 이겨낼 수 있는 저수지와도 같은 무한한 힘이 축적되어 있다.

자기는 어떤 어려움도 능히 이겨낼 수 있는 힘이 있으며, 따라서 어떤 꿈이라도 이룰 수 있다는 확신을 가지게 되는 날, 참된 그리고 항구적인 행복이 당신을 찾아오게 된다.

당신이 대학을 졸업하고, 결혼하고, 자식이 태어나고, 커다란 승리나 상을 받게 되었을 때, 당신은 무한한 행복감을 느끼게 될 것이다. 귀엽고 단정하고 사랑스러운 소녀, 또는 멋진 남성과 결혼하게 되었을 때도 마찬가지로 당신은 무한한 행복감을 느끼게 될 것이다. 그리고 이외에도 당신은 자신을 행복하게 해 준 무수한 경험들을 들 수 있을 것이다.

그러나 이와 같은 체험이 제아무리 멋있는 것이라 하더라도 그것이 참되고 항구적인 행복은 주지 않는다. 그것은 공허한 것이기 때문이다.

성경에 나오는 솔로몬을 비롯한 유대의 현인들이 남긴 말들이 이 문제에 대한 해답을 제시하고 있다.

"누구든지 주를 믿는 자는 행복할지어다."

'주당신의 잠재의식의 힘과 지혜' 께서 모든 점에 있어서 가르치고 안내하며 지배하고, 또한 지시해 준다는 것을 믿는다면, 당신은 침착함을 찾고 편안함을 얻을 수 있을 것이다. 당신이 사랑이나 평화, 또는 신의를 마을 사람들에게 미친다면, 생애의 모든 날을 위하여 행복이라는 상부上部 구조를 구축하게 될 것이다

❧행복을 선택해야 한다❧

행복이란 마음의 상태를 가리킨다. 성경에 "너희가 봉사하는 그 날을 택하라."라고 하는 말이 있다.

당신에게는 행복을 선택할 자유가 있다. 이것은 지극히 단순한 일처럼 보일지 모르지만 진리이다. 이는 또한, 숱한 사람들이 행복으로 이르는 도중에 실패하게 되는 이유가 되기도 한다. 즉, 사람들은 행복의 비결이 얼마나 단순한 것인가에 대해 알지 못하고 있다.

인생에 있어서 위대함은, 인생이 가지는 힘과 창조력, 그리고 그 단순함에 있다. 그것은 안녕과 행복을 낳아 준다.

그래서 성 바울은 '우리가 어떤 일을 생각해야만 힘차고 행복한 생활을 할 수 있는가' 에 대해 빌립보서 4장 8절에서 가르쳐 주고 있다.

"끝으로 형제들아 무엇에든지 참되며, 무엇에든지 경건하며, 무엇에든지 옳으며, 무엇에든지 정결하며, 무엇에든지 사랑받을 만하며, 무엇에든지 칭찬받을 만하며, 무슨 덕이 있든지, 무슨 기림이 있든지, 이것들을 깊이 생각하라."

ೞ ೮೫
∾행복을 선택하는 방법∾

그러면 여기서 행복을 선택하는 방법에 대해 생각해 보자.

그리고 행복을 선택하는 일을 시작해 보자.

아침에 잠에서 깨어났을 때 스스로에게 다음과 같이 말하라.

"하느님의 질서는 언제나 나의 몸을 돌보아 준다. 오늘 그 모든 것이 하나가 되어 나를 위하여 작용하고 있다. 오늘은 나에게 있어서 새롭고 멋있는 날이다. 이렇게 값진 날은 다시없을 것이다. 나는 하루 종일, 하나님의 가르침을 받을 것이다. 그리고 내가 하는 모든 일은 순조로울 것이다. 하느님의 사랑이 나를 둘러싸서 포용하고 감싸주시니 나는 평화로이 전진한다. 좋은 일, 건설적인 일들로부터 나의 주의력이 빗나갈 때, 나는 즉각 나의 주의력으로 하여금 사랑하는 것, 좋은 것들을 생각하도록 일깨울 것이다. 나는 정신적인 자석으로써, 나를 축복해 주고 번영케 해 주는 모든 것을 나에게로 끌어들인다. 나는 오늘 내가 해야 할 모든 일에 완전한 성공을 거둘 것이다. 나는 오늘 하루 종일 행복한 상태에 놓이게 될 것이다." 날마다 이러한 자기와의 대화로써 하루의 일과를 시작하도록 하라. 그러면 당신은 행복을 선택하는 것이 되며, 놀라울 만큼 즐거운 하루를 맞이하게 될 것이다.

☙ ❧
❧ 행복은 하나의 습관 ❧

몇 년 전, 나는 아일랜드 서해안 콘네마라의 한 농가에서 1주일간 머물렀던 적이 있는데, 그때 만났던 한 농부는 생활 속에서 항상 노래를 부르거나 휘파람을 불고 있었다. 그는 풍부한 유머의 소유자였다.

그렇게 행복할 수 있는 비결이 무엇이냐고 내가 묻자 그는 이렇게 대답했다.

"행복해지는 것은 저의 습관이랍니다. 매일 아침잠에서 깨어날 때와 매일 밤 잠자리에 들 때, 저는 남의 가족들과 농작물, 그리고 가축들을 축복하고, 자랑스러운 수확에 대하여 하느님에게 감사합니다."

농부는 이러한 생활을 4년 이상이나 되풀이해 왔다는 것이었다

앞에서도 말한 바와 같이, 규칙적이며 조직적으로 되풀이되는 사고思考는 잠재의식 속으로 가라앉아 습관화된다. 그러니까 그는 행복이란 '하나의 습관', 바로 그것이라는 것을 일찌감치 터득했던 것이다

☙ ❧
❧ 행복해지기를 소원해야 한다 ❧

행복해진다는 사실에 있어서 지극히 중요한 것 하나는, 당신이 행복해지고 싶다는 것을 진지하게 소원해야 한다는 사실이다.

너무나 오랫동안 가난하여 실의에 차 있던 사람들에게 무엇인가 좋은 일이 일어나면, "과연 이렇게 행복해도 좋은 것일까?" 하는 의구심을 느끼게 된다. 가난과 실의에 젖어 버렸기 때문에 그들은 행복이라는 상태에 다분히 생소한 느낌을 가지게 되는 것이다. 따라서 그들은, "뭔가 불안하다.

차라리 옛날과 같은 생활로 되돌아가고 싶다."는 생각을 가지게 된다.

류머티즘으로 괴로워하고 있는 영국에 사는 한 노부인이 있었다.

그 부인은 수시로 자기의 무릎을 두드리면서 이렇게 말하곤 했다.

"나는 류마티즘이 악화되어 밖에 나갈 수 없습니다 이 병은 늘 나를 불안하게 만들거든요"

이 노부인은 류머티즘으로 인해 아들과 딸, 또는 이웃 사람들의 도움을 받고 있었기 때문에 어느새 타성에 젖어 자기의 류머티즘에 대해 감사할 정도였다.

그녀는 스스로 자기의 불행한 상황을 오히려 즐기고 있었던 것이다. 그러니까 이 부인은 자신이 행복해지기를 바라지 않고 있었던 것이나 다름없다.

나는 그녀에게 몇 가지 성경 말씀을 읽어 주고 나서 그에 대한 치료법을 가르쳐 주었다.

"만일 부인께서 이상과 같은 진리에 주의를 기울인다면, 틀림없이 다른 사람이 될 수 있으며, 건강을 되찾아 자신의 일에 신념과 자신감을 가지게 될 것입니다."

그러나 그녀는 나의 말에 전혀 흥미를 보이지 않았다.

이처럼 많은 사람들이 비참하고 슬픈 일들을 즐기고 있는 것이 사실인데, 이는 정신적인 면에 있어서 일종의 병적인 경향이라 할 수 있다

ഊ ഌ
❧왜 불행을 선택하는가❧

많은 사람들은 다음과 같은 말들을 즐겨 사용하곤 한다. "오늘은 운이

없는 날이다 모든 일이 순조롭지 못할 것이다."

"나는 성공할 수가 없다."

"모두들 나를 싫어하고 있다."

"장사는 제대로 되지 않고, 경기는 더 나빠질 것 같다."

"나는 언제나 지각생이다."

"나는 도대체 빛을 볼 수 없는 사람이다."

"그 녀석은 할 수 있지만, 나는 못 해."

이렇게 자신의 불행을 시인하게 되면 실제로 불행을 선택하는 셈이 된다.

만일 당신이 아침 잠자리에서 일어나며 이런 생각을 품는다면, 그것은 곧 그와 같은 나쁜 일들을 자신에게 끌어들이는 결과가 되고, 따라서 당신은 지극히 불행해질 수밖에 없다. 당신이 살고 있는 이 세상의 모든 일은 그 대부분이 당신의 마음속에서 일어나고 있는 생각들에 의해 결정된다는 것을 깨달아야 한다.

로마의 위대한 철학자이자 현인인 마르쿠스 아우렐리우스는 이렇게 말하고 있다.

"인생을 어떻게 생각하는가에 따라 그 사람의 일생이 좌우된다."

또한 미국 제일의 철학자인 에머슨은 다음과 같이 말하고 있다.

"인간이란, 그가 하루 종일 생각하고 있는 바로 그것이다."

당신이 습관적으로 지니는 마음속의 생각은 현실로 나타나게 된다. 따라서 부정적인 생각이나 패배주의적인 생각, 또는 불친절하고 마음을 현혹되게 하는 생각을 절대 피해야 한다. 당신이 마음속에서 생각하지 않는 불행은 있을 수 없다는 사실을 명심하라.

✑백만 달러만 있으면 행복할 것이다?✎

정신병원에 수용되어 있는 억만장자를 몇 번 방문한 적이 있는데, 그는 끝까지 자신은 무일푼이라고 주장하곤 했다. 그는 편집광적이며 조울병적인 경향이 있었으므로 감금 상태에 놓여 있었다. 그러므로 부유하다는 그 자체가 결코 당신을 행복하게 만들 수는 없다. 그렇다고 부유하다는 그 자체가 결코 당신의 행복을 방해하는 존재도 아니다.

오늘날 자동차나 별장, 개인용 요트나 풀장을 손에 넣음으로써 행복해지려고 하는 사람들이 부쩍 증가하고 있다. 그러나 행복이란 결코 그렇게 해서 얻어지는 것이 아님을 알아야 한다. 행복은 당신의 사고와 느낌 속에 있기 때문이다.

그러나 행복을 만들어 내기 위해서는 무엇인가 인공적인 힘이 작용해야 한다고 믿는 사람들이 많다.

"내가 시장市長으로 선출되면……."

"내가 협회의 회장직을 맡게 되면……."

"회사 총지배인이 될 수만 있다면……."

이라는 가정을 전제한 다음,

"나는 행복할 텐데."

라고 생각하는 사람들이 너무나 많다는 것이다.

그러나 행복이란, 마음이나 정신에 있어서의 한 형태를 가리킨다. 위에서 말한 그러한 지위들이 결코 행복의 조건이 될 수는 없다. 당신의 힘, 기쁨, 건강 그리고 행복은 당신이 자기 잠재의식에 있는 하느님의 질서와 적절한 행위의 법칙을 발견하고, 이 원리를 모든 면에 응용할 수 있느냐 없느냐에 따라 결정되는 것이다.

ಖಲ೮

~행복으로 가는 길에는 장해물이 없다~

다음은 몇 년 전, 신문에서 읽은 이야기이다.

'길을 가던 말馬이 길가에 있는 나무 뿌리 앞에서 무엇엔가 놀라 뒷걸음질을 치기 시작하였다. 그런 일이 있은 후부터 말은 그 나무 뿌리 앞에만 오면 멈춰서서 뒷걸음질을 치곤 했다. 그래서 농부는 그 나무 뿌리를 파내어 불태워 버리고 길을 평탄 하게 만들었으나 아무 소용이 없었다. 그로부터 25년 동안이나 그 말은 그곳을 지날 때마다 멈추어 서서 뒷걸음질을 계속했다. 결국, 이 말은 기억 속의 나무 뿌리를 보고 뒷걸음을 쳤던 것이다. 당신이 행복으로 이르는 길에는 장해물이 없다. 있다면, 당신이 이제까지 생각해 온 그 모든 것과 상상 속에 있을 뿐이다 공포나 근심 등이 당신을 방해하고 있는 것은 아닐까? 공포는 당신의 마음속에 있는 하나의 사고이다 당신은 지금 당장 이를 꺼내고, 그 대신 성공이나 달성 등의 모든 문제를 주목할 수 있다는 신념을 담을 수가 있다.

사업에 실패한 적이 있는 한 사람이 나에게 말했다. "나는 그동안 잘못을 저지른 것입니다. 거기에서 실로 배운 것이 많습니다. 나는 이제 본래의 내 일로 돌아가겠습니다. 그래서 반드시 성공하고야 말 것입니다."

그는 자기 마음속에 있던 나무 뿌리에 직면했던 것이다. 그는 그 마음속의 나무 뿌리를 보고 울거나 투덜대지 않고 실패라는 그 나무 뿌리를 파헤치고, 내재하는 힘이 자기를 지지해 준다는 것을 확신하였으며, 공포와 낙담 등을 모두 몰아냈던 것이다. 당신 자신을 믿어라. 그러면 당신은 성공할 수 있으며 동시에 행복해질 수 있다.

'보다 행복한 사람들'이란, 자기 속에 잠재되어 있는 최선의 것을 모두 끌어내어 적절히 활용하고 있는 사람들을 말한다. 행복과 미덕은 서로 보완 관계에 놓여 있다. 최선을 다하는 사람이 반드시 행복한 사람이라고 단정할 수는 없지만, 보다 행복한 사람들은 대체로 성공한 사람들로서, 생활 면에 있어서 최선을 다하는 사람들이다.

하느님은 당신에게 있어서 최고이며 최선의 존재이다. 하느님의 사랑과 그 빛, 또는 진리와 미美를 좀 더 널리 표현하라. 그러면 당신은 오늘 이 세상에서 가장 행복한 사람 가운데 한 사람이 될 것이다.

그리스 스토아파派의 철인哲人 에픽테토스는 다음과 같은 말을 남겼다.

"마음의 평화와 행복으로 이르는 길은 하나뿐이다 따라서 아침에 잠에서 깨었을 때, 그리고 낮 동안과 밤에 잠자리에 들 때도 언제 나 이 길을 지키고 있어야 한다. 결코 이 길을 벗어나서는 안 된다.

즉, 외적인 것은 모두 자기 것으로 생각지 말고 하느님에게 일임하 는 것이다. 바로 그 길이 평화와 행복으로 가는 길이다."

① 윌리엄 제임스는 말했다. "19세기 최대의 발견은 신념의 감명을 받은 잠재의식의 힘"이라고.

② 당신의 내부에는 무서운 힘이 숨겨져 있다. 이 힘에 대한 완전 한 믿음을 가졌을 때 비로소 행복은 당신을 찾아온다 그러면 당신 의 꿈도 실현될 것이다.

③ 잠재의식의 놀라운 힘에 의하여 당신은 어떤 패배든지 극복할 수 있으며, 당신이 염원하는 바를 실현할 수 있다. 이것이야말로 '주(主 잠재의식의 정신법칙)를 믿는 자는 누구나 행복해질 수 있다.'는 것을 의미한다.

④ 당신은 행복을 선택해야만 한다. 행복은 바로 습관이다.

"마지막으로 형제들아, 무엇에든지 참되며, 무엇에든지 경건하며, 무엇에든지 옳으며, 무엇에든지 정결하며, 무엇에든지 사랑할 만하며, 무엇에든지 칭찬할 만하며, 무슨 덕이 있든지 이것들을 생각하라." (빌립보서 4장 8절)

⑤ 아침에 잠에서 깨어나면 스스로에게 이렇게 말하라.

"나는 오늘 행복을 선택한다. 나는 오늘 성공을 선택한다. 나는 오늘 적절한 행위를 선택한다. 나는 오늘 모든 사람에게 사랑과 선의를 선택한다 나는 오늘 평화를 선택한다."

이와 같은 자기 긍정에 사랑과 생명, 그리고 흥미를 주입하라. 그 러면 당신은 행복을 선택한 것이 된다.

⑥ 하루에 몇 번씩, 자기가 받아들이고 있는 모든 혜택에 대하여 감사하라 또 가족들이나 친구들, 그리고 세상의 모든 사람을 위하 여 행복과 평화와 번영을 기도하라

⑦ 당신은 행복해질 수 있도록 진지하게 기도해야 한다. 소망이 없이는 아무 것도 얻어지는 것이 없다 원망이란, 상상과 신앙 이라는 두 날개를 가진 바람을 의미한다. 당신의 원망이 달성된 때 를 상상하고, 그것이 현실화된 때를 느끼도록 하라 그러면 그것은 당신이 원하는 대로 현실로 나타나게 될 것이다

⑧ 끊임없이 공포나 근심, 노여움, 증오, 또는 실패에 대해 생각하 고 있노라

면 당신은 의기소침하게 되고 불행해질 것이다 당신의 인생은, 당신이 그것을 어떻게 생각하느냐에 따라 결정됨을 잊어서 는 안 된다

⑨ 전 세계의 모든 돈을 다 준다 해도 행복을 살 수는 없다 억만 장자 중에는 행복한 사람들도 있지만 불행한 사람들도 얼마든지 있 다. 또한 가난하더라도 지극히 행복한 사람들이 있는가 하면 불행 한 사람들도 있다 또 결혼을 하여 행복한 사람이 있는가 하면 불 행한 사람들도 있다 결혼하지 않고 혼자 사는 사람 역시 마찬가지이다.

⑩ 행복이란 조용한 마음의 수확이다 당신의 생각을 평화와 침착, 안전, 그리고 하느님의 가르침에 연결하라. 그러면 당신의 마음은 행복을 낳게 된다.

⑪ 행복에 이르는 길에는 결코 장해물이 없다 또한 외적인 모든 것은 그 원인이 될 수 없다 그것은 결과일 뿐, 결코 원인이 아니기 때문이다. 당신에게 내재하는 유일한 창조적 원리에 지지를 요청하라, 당신이 생각하는 그 모든 것은 곧 원인이 된다. 그리고 새로운 원인은 새로운 결과를 낳는다는 것을 잊지 말라. 행복을 선택하라.

⑫ 보다 행복한 사람, 가장 행복한 사람들이란, 자기에게 내재하 는 최고의 것, 최선의 것을 발휘할 줄 아는 사람들이다. 하느님은 우리 모두에게 내재하는 최고의 것인 동시에 또한 최선의 것이기도 하다 왜냐하면, 하느님의 나라는 곧 우리들 인간의 마음속에 있기 때문이다.

제2장
잠재의식과 부부 문제
Joseph Murphy's nomology of good success

모든 부부간의 문제는 마음의 기능과 힘에 관하여 무지하기 때문에 생긴다. 따라서 마음의 법칙을 옳게 사용하면 부부간의 마찰은 별다른 어려움 없이 해결된다.

부부간의 문제는 두 사람이 함께 기도함으로써 해결할 수 있다. 하느님의 이상理想을 생각하고 생명의 법칙을 연구하라. 부부 공동의 목적이나 계획에 관하여 서로 동의하고 인간으로서의 자유를 즐기는 것이 두 사람이 하나가 될 수 있는 조화 있는 결혼 생활, 결혼의 행복, 그리고 부부 사이의 일체감의 밑바탕이 된다.

이혼을 예방할 수 있는 가장 좋은 시기는 바로 결혼 전이다. 극히 나쁜 상태로부터 벗어나려는 노력은 결코 잘못된 것이 아니다. 그러나 처음에 어떤 이유로 그와 같은 나쁜 상태에 빠지게 되었는가를 생각해 보자. 다시 말해서, 부부간에 생긴 여러 가지 문제를 그 원인부터 주목하고, 그 문제의 참된 원인부터 파고드는 것이 보다 현명한 방법이라는 것이다.

남녀를 불문하고 모든 인간관계의 문제는 어떤 경우나 마찬가지이지만, 이혼이나 별거, 그리고 끝없는 소송 등 모든 문제의 원인은 결국 의식하는 마음과 잠재의식의 작용, 그리고 상호 관계에 대한 무지이다.

❦ 결혼의 의미 ❦

참된 결혼은 우선 정신적인 기초 위에 성립되어야 한다. 그것은 상호 간의 참된 마음의 동의로써 이루어져야 한다. 여기서 '마음'이란 곧 사랑을 가리킨다.

정직하고 진지한 것, 친절하고 결백한 것, 그 모두가 사랑에서 한 형식이 된다. 부부란 서로서로 완전한 정직, 그리고 진지한 자세에서 출발해야 한다. 만일 남자가 돈이나 사회적 지위, 또는 자만심을 만족시키기 위해 결혼하는 것이라면, 그것은 어떤 의미로도 참된 결혼이 될 수 없다. 그것은 참되고 진지하며, 정직한 사랑으로 이루어지는 결혼이 아니기 때문이다. 그것은 일종의 사기 행위이며, 동시에 가장무도회와도 같다.

만일 여자 쪽에서, 직장 생활이 지긋지긋하다고 생각하여, 일단 자신의 생활이 보장되는 결혼을 택했다면, 그것은 이미 결혼의 전제에서부터 그릇된 것이다. 이러한 생각은 마음의 법칙을 옳게 사용할 줄 모르는 데서 오는 결과이다. 그녀의 생활에 대한 보증을 의식하는 마음과 잠재의식과의 상호 관계, 그리고 이를 얼마만큼 응용할 줄 아는가에 따라 결정된다.

가령, 이 책에 있어서 이제까지 이야기해 온 방법을 이용한다면, 그녀 역시 부(富)와 건강을 놓칠 염려는 없다. 부와 건강은 그녀·남편·아버지, 또 그 외 모든 사람들에게 관계없이 찾아오는 것이다. 여성들의 건강이나 평화, 그리고 기쁨이나 영감, 또 가르침이나 사랑, 부부 생활에 대한 보증·행복 등등 그 밖에 모든 것은 결코 남편에 의하여 결정되는 것이 아니다. 생활에 대한 보증과 마음의 평화는 자기의 내적인 힘을 알고 자기 자신의 마음의 법칙을 끊임없이 건설적인 방향으로 이용하는 데서 비롯되는 것이다.

ଅ ଓ
∽이상적인 남편감을 맞이하려면∽

당신은 자기의 잠재의식이 지니는 작용에 관해 알고 있을 것이다. 일단 어떠한 생각이 잠재의식에 새겨지게 되면, 그것이 무엇이든 현실로 나타난다는 것도 알고 있을 것이다. 그렇다면 당신이 생각하는 훌륭한 남성상을 자신의 잠재의식 속에 새겨 넣어 보라.

여기에 그 방법을 소개한다.

밤에 눈을 감고 조용히 안락의자에 앉아서 몸과 마음의 긴장을 풀고, 극히 수동적으로 수용적인 자세를 갖춘다. 그리고 자기 잠재의식에 대해 이렇게 말해 보자.

"나는 지금 진지하고, 성실하고, 평화롭고, 행복하고, 번영된 남성을 나의 잠재의식 속으로 끌어들이고 있다. 내가 이러한 성격들을 그리워하는 사이에, 이와 같은 성격들이 나의 일부가 되며, 잠재의식에 의해 구현되리라고 확신한다. 나는 잠재의식이 진실이라고 믿고 느끼는 것을 끌어들일 것이다. 나는 이 남성의 평화와 행복에 공헌할 수 있다고 믿는다. 그는 나의 이상을 사랑하며, 또한 그의 이상을 사랑한다. 그는 자기 취향대로 나를 변화시키려 하지 않으며, 나 또한 그가 나의 입맛에 따라 변화되기를 원치 않는다. 우리는 서로 사랑과 자유와 존경을 느끼고 있다."

이처럼 당신의 사고를 잠재의식에 새겨 두면, 당신은 자신이 마음속으로 생각한 여러 가지 성질과 특징을 가진 훌륭한 남성을 끌어당길 수 있고, 또한 그로부터 환영받게 될 것이다. 이것이 당신의 잠재의식의 저항할 수 없는, 또한 바꿀 수 없는 흐름이다.

당신이 가지고 있는 사랑과 헌신과 협력에 있어서 최선의 것을 주고 싶다는 소망을 가져라. 그리고 당신이 자기 잠재의식에 부여한 이 사랑의 선물을 받기 위해 준비하라.

◈◈
∽이상적인 아내를 맞으려면∽

당신이 이상적인 아내를 맞이하려면 다음과 같은 긍정을 되풀이하라.

"나는 지금 나에게 가장 잘 어울리는 이상적인 여성을 끌어당기고 있다. 이는 곧 정신적인 일치를 말한다. 나는 이 여성에게 사랑과 빛과 평화와 즐거움을 줄 수 있다고 확신한다. 나는 이 여인의 인생을 완전하고 충족하게, 그리고 지극히 멋지게 만들어 줄 수 있다고 확신한다. 나는 지금, 이 여성이 다음과 같은 성질을 갖추고 있다고 단언한다. 그녀는 정신적으로 성실하며 충실하다. 또한 그녀는 절조節操가 있고 품행이 단정하다. 그리고 조화로우며, 행복하고 평화롭다. 우리는 지금, 서로 저항할 수 없는 잠재의식의 힘에 의해 이끌려 가고 있다. 사랑과 진실과 아름다움에 관계되는 것만이 나의 경험 속에 들어올 수 있다. 나는 지금 나의 이상적인 반려자를 받아들이고 있다."

이처럼 조용히 관심 깊게, 당신이 구하고자 하는 반려자가 지니는 여러 가지 성질에 대해 생각하고 있으면, 당신이 좋아하는 그의 정신적인 면을 자신의 잠재의식 속에 세울 수 있게 된다. 그렇게 되면, 당신의 잠재의식이 신의 질서에 따라 두 사람을 함께 묶어 줄 것이다.

ଞ୍ଚ ଓ୪
∽이혼할 것인가?∽

이혼은 각자에게 있어서 전혀 개인적인 문제이므로 이혼 문제에 관한 한 일반론으로 다룰 수가 없다. 물론 경우에 따라서는 처음부터 이루어질 수 없었던 결혼도 있고, 또한 인간의 고독이 결혼에 의해서 해결되는 것이 아니듯이, 이혼 또한 이를 해결할 수 없을 때도 있다.

이혼을 하지 않으면 안되는 사람이 있는가 하면, 전혀 그럴 필요가 없는 사람도 있을 것이다. 어떻게 보면, 차라리 이혼한 사람이 거짓된 결혼 생활을 유지해 가는 사람들보다 훌륭할 수도 있을 것이다.

가령, 내가 상담하고 있던 한 부인의 남편은 마약 중독자에다 전과자였다. 그는 자주 아내를 폭행하곤 했다. 그런데 그 부인은 남편과의 이혼을 엄두도 못 내고 있었다. 그녀는 자랄 때부터 이혼은 결코 좋은 일이 아니라고 교육받아 왔기 때문이었다.

나는 그녀에게 '결혼이란 참된 마음의 문제'라고 설명했다.

"두 사람의 마음이 조화 있게, 보다 깊은 애정으로 참되게 융합될 수 있을 때, 비로소 참된 결혼 생활이라고 할 수 있습니다."

이와 같은 나의 설명을 듣고 나서야 그녀는 자기가 해야 할 바를 깨달았다. 즉, 누군가가 두 사람이 부부가 됨을 선언했다고 해서 남편으로부터 폭행을 당하고, 강요받으며, 구타를 당하고 있어야 한다는 신의 율법 같은 것은 없다고 그녀는 확신했다.

만일 당신이 지금 이 부인처럼 어떻게 결정을 내려야 할지 몰라 망설이고 있는 처지라면, 잠재의식에 가르침을 구하고 그에 대한 해답을 받게 될 것이다. 당신의 영혼이 침묵하고 있을 때, 당신을 찾아 줄 가르침에 복종하라. 그것은 당신이 마음을 고요하게 하고 있을 때, 당신과의 대화를 시작할 것이다.

ಿೆ ಿ
ᓚ이혼은 마음속에서부터 시작된다ᓛ

이혼은 언제나 마음속에서 제일 먼저 시작된다. 법률상의 절차는 나중 문제이다. 내가 알고 있는 어느 젊은 부부는 서로에게 불만과 두려움과 의혹과 노여움을 품고 있었다.

두 사람의 이러한 태도는 모든 것을 악화시키고 소모케 하며, 쇠약하게 할 수밖에 없었다. 그들은 각자 자신의 마음속에서 증오심을 몰아내고 사랑을 집결시켜야 한다는 것을 깨달았다. 그리고 그들은 그동안 자신들이 느껴 오고 행동해 왔던 마음속의 일들을 깨닫기 시작했다. 그들 두 사람은 마음의 활동 법칙에 대해 몰랐고, 자기들의 마음을 잘못 사용함으로써 그러한 비극을 초래했다.

그들은 나의 권고를 받아들여 서로의 마음을 다시 한곳으로 뭉쳤다. 그리고 기념요법新念療法을 실험했다.

그들은 서로에게 사랑과 선의와 평화를 나누었고, 매일 밤, 번갈아 가며 성경의 〈시편〉을 읽어 주곤 했다. 그 결과, 그들의 결혼 생활은 날로 행복하고 아름다워지기 시작했다.

∽바가지를 심하게 긁어대는 아내∽

아내가 바가지를 심하게 긁어대는 것은 대개, 사랑과 평화와 믿음을 바라는 아내에 대한 남편의 관심이 적은 데서 비롯되며, 또한 남편의 애정에 대한 갈망일 때가 많다.

따라서 당신은 아내에 대하여 관심을 보이고, 감사함을 표시하라. 또 그녀가 지니고 있는 많은 장점을 찬양하라.

그리고 개중에는 남편을 자기가 원하는 모습의 인간으로 만들기 위해 바가지를 긁어대는 여자들도 있다. 이런 여자의 경우, 남편으로부터 버림받기 알맞다.

요컨대, 부부 생활이란 휴지 줍기가 아니다. 즉, 언제나 서로의 조그만 결점이나 과실을 찾기에 급급한 그런 사이가 아니라는 것이다. 서로의 오점보다는 장점을 찾아내어 이를 칭찬하도록 하여야 한다.

&OC&
❦불쾌감에 빠져 화를 잘 내는 남편❧

아내가 한 일이나 말에 대해 불쾌감을 느낀다거나 우울해진다면, 이는 심리학적으로 말해서 간음姦淫을 저지르는 것이 된다.

간음의 결과는 우상 숭배에 있다. 여기서 우상 숭배란, 부정적이며 파괴적인 것에 주의를 돌린다거나, 정신적으로 이와 일체가 된다는 것을 의미한다. 만일 마음속으로 남편이 아내에 대하여 불만을 품고 적의를 느낀다면, 이는 부정不貞한 것이다. 그것은 결국, '언제까지나 아내를 존중하고 머리가 파 뿌리가 되도록 사랑하겠다'던 결혼 선서에 대해 충실하지 못한 것이 된다.

그러나 불쾌감에 빠져 화를 잘 내는 남편이라 하더라도, 노력에 따라서는 부드럽고 인자한 남편이 되어 아내와의 갈등을 무마할 수도 있다. 정신적인 노력을 기울여 아내를 칭찬함으로써 반감을 느껴 오던 종래의 습관에서 벗어날 수도 있다.

그렇게 되면, 아내뿐만 아니라 직장 동료들과도 융화될 수 있어서 보다 안정된 직장 생활을 이어갈 수 있다.

부부간의 문제에 대해 이웃 사람이나 친척들에게 이야기하는 것은 큰 잘못이다. 가령, 어느 부인이 이웃 사람들이나 친척들에게 이렇게 말했다고 하자.

"우리 남편은 돈을 한 푼도 안 내놓으려고 해요. 그리고 우리 어머니에게 이만저만 불손한 게 아니에요. 그러면서도 술은 하루도 거르지 않고 마셔 대요. 그렇게 술을 많이 마시고는 나와 가족에게 갖은 모욕적인 언사를 퍼붓지요."

이 부인은 이웃사람이나 친척들에게 남편의 인격을 격하시키고, 남편을 보다 졸렬한 인간으로 평가하고 있다. 이렇게 되면, 그녀의 남편은 이미 그들의 눈에 이상적인 남편으로서의 가치를 상실한 인간으로 비치게 된다.

따라서 부부간의 문제는 전문 상담자 외에는 이야기할 필요가 없고, 또한 이야기할 것도 아니다.

이렇게 남에게 자기 남편의 결점에 관해 이야기한다거나, 마음속으로 그것에 대해 생각하고 있다 보면, 당신 자신 속에서 스스로 그와 같은 결과를 창조하는 것이 된다.

이런 때 이웃이나 친척들은 대체로 당신에게 적절하지 못한 충고를 하는 것이 통례이다. 그들의 충고는 일방적이어서 편견과 선입관이 들어 있기 마련인데, 이처럼 조화의 법칙인 황금률을 깨뜨리는 따위의 충고는 결코 건전한 것이 못 된다.

어느 부부간에 한 지붕 밑에서 같이 살다 보면, 성격 차이에서 오는 충돌이나 상처, 긴장된 기간은 있게 마련이다. 이런 때 남들에게 비록 당신의 친한 친구라 할지라도 불행한 부부 생활에 대해 결코 공개해서는 안 된다. 따라서 둘만의 부부싸움은 두 사람만의 것으로 해야 한다. 당신의 반려자를 비난하거나 저주하는 것처럼 어리석은 일은 없다.

ಬಌ
✎아내를 자신의 틀에 맞추려 하지 말라✎

남편이 아내를 자기와 똑같은 사람으로 만들려고 해서는 안 된다. 여러 가지 면에서 자신과 다른 아내를 어설프게 변모시키려고 한다면 그것은 어리석은 짓이다.

아내를 자신의 틀에 맞추려는 시도는 결국 그녀의 사랑과 자존심을 파괴하게 되고, 결혼이라는 이음줄로 해서 치명적인 반항심이나 적개심을 돋우게 된다.

물론, 적응이라는 것은 필요하다. 그러나 당신이 자신의 마음을 옳게 바라보고, 자기의 성격이나 행동을 유심히 관찰하면, 자신에게도 결점이 얼마나 많은지를 알게 될 것이다.

그런데 만일 당신의 아내를 당신이 원하는 대로 바꾸고야 말겠다고 생각한다면, 그것은 마치 스스로 분쟁과 이혼을 초래하는 결과가 된다. 다시 말해, 당신은 스스로 비극을 찾는 셈이 된다. 자기를 바꿀 수 있는 것은 오직 자기밖에 없다는 것을 배우는 데 있어 너무 비싼 대가를 치르게 되는 것이다.

∞ ◌
❧부부가 함께 기도하라❧

먼저 기도의 각 단계에 관해 설명하도록 하겠다.

제1단계 작은 실망에서 비롯되는 분노를 다음 날로 넘기지 말아야 한다. 부부가 서로 아무리 험악한 말을 주고받았다 하더라도, 그날 밤 잠자리에 들기까지는 서로 용서해야 한다. 다음 날 아침, 잠에서 깨어나면 곧 잠재의식의 무한한 지성이 당신을 이끌고 있다고 단언하라. 그리고 평화와 조화·사랑 등과 같은 좋은 사고思考를 자기의 반려자나 가족, 또는 전 세계에 대하여 깊은 애정을 곁들여 영향을 미치도록 하라.

제2단계 아침 식사 때는 기도를 올려라. 맛있는 음식, 당신의 풍요함, 그리고 자신이 받는 모든 혜택에 대하여 감사하라. 그리고 식탁에서는 좋지 않은 문제나 토론 등을 절대로 하지 말아야 한다. 이것은 저녁 식사 때도 마찬가지이다. 서로 자기의 반려자에 대하여, "나는 당신이 하는 모든 일에 대해 감사하고 있어요. 그리고 온종일 당신에 대하여 사랑과 선의를 보낼 거예요."라고 말하라.

제3단계 부부는 매일 밤 함께 기도해야 한다. 반려자에게 했던 자신의 모든 잘못된 언행을 당연한 것으로 생각해서는 안 된다. 서로를 감사와 진정으로 대하라. 마구 고함을 친다거나 비난하지 말고, 서로를 감사와 선의로써 생각하라. 평화로운 가정과 행복한 결혼 생활을 구축하려면, 사랑과 아름다움, 조화, 상호 존경, 신에 대한 신앙, 그리고 그 외의 모든 선한 일을 기초로 세워야 한다.

잠들기 전에 성경의 〈시편〉 제23·27·91장, 〈히브리서〉 제11장, 〈고린도서〉 제13장, 그리고 그 외에도 성경의 좋은 말씀들을 골라 읽도록 하라. 이러한 진리를 실천에 옮기다 보면, 당신의 결혼 생활은 나날이 행복해질 것이다.

ℬℭℬ

❧자기의 행동을 반성하라❧

① 정신적 법칙의 무지함은 모든 불행한 결혼의 원인이 된다 따라서 부부가 함께 기도함으로써 보다 안정된 가정생활을 영위할 수 있다.

② 이혼을 예방할 수 있는 가장 적절한 시기는 바로 결혼 전이다. 이때 올바른 기도 방법을 알고 있다면, 당신은 보다 이상적인 결혼 상대를 만날 수 있다.

③ 결혼이란, 사랑으로 결합한 남녀의 회합이다. 두 사람의 심장은 하나가 되어 고동치고, 그로써 부부는 전진하고 향상되고 신을 향하여 앞으로 나가게 된다.

④ 일단, 결혼만 하면 행복해진다는 것은 어리석은 생각이다. 사람은 선善의 영원한 진리, 또는 인생의 정신적인 가치를 깊이 생각할 때 비로소 행복을 찾을 수 있다. 그렇게 함으로써 부부는 서로의 행복과 기쁨에 공헌할 수 있다.

⑤ 자신이 좋아하는 성품이나 특징에 관하여 묵상할 때, 당신은 그러한 사람을 만날 수 있다.

⑥ 당신은 자기의 반려자가 가지고 있기를 바라는 정신적인 대응물을 우선 자기의 잠재의식 속에 심어 두어야 한다. 만일 당신이 정직하고 진실하

며, 애정 있는 반려자를 원한다면, 우선 당신 자신부터가 정직하고 진실하며 애정 있는 사람이 되어야 한다.

⑦ 결혼의 과오를 되풀이할 필요는 없다. 만일 당신이 이상형의 사람과 결혼할 수 있다고 확신한다면, 당신이 믿고 있는 바가 현실로 나타나는 것을 볼 수 있게 된다. 무엇을 믿는다는 것은 그것을 현실로 받아들이는 것이 된다. 당신의 이상적인 반려자를 지금 곧 정신적으로 받아들이라.

⑧ 자기가 기도하고 있는 반려자를 언제 어디서 어떻게 만날 것 인가에 대해서는 염려할 필요가 없다. 잠재의식의 지혜를 절대적으로 신뢰하여야 한다. 그 방법을 알고 있는 당신의 잠재의식이 스스 로 알아서 행동 할 것이기 때문에 당신의 도움은 필요가 없다.

⑨ 자신의 반려자에 대하여 지나치게 화를 내고, 원망하고, 마음속으로 악의나 적의를 느낀다면, 그것은 정신적인 이혼 상태가 된다. 그것은 정신적으로 말해, 당신이 자기의 마음이라고 하는 침대에 그러한 감정들과 함께 누워 있는 꼴이 되기 때문이다. 따라서 다음과 같은 결혼 선서를 끝까지 지키도록 노력하여야 한다.

"나는 한평생 그 사람을 소중히 여기고, 사랑하며, 존경할 것을 약속합니다"

⑩ 자신의 반려자에게 염려나 두려움으로 대하는 일이 없도록 해야 한다. 반려자에게 사랑과 평화와 조화의 선의로 대할 때 당신의 결혼 생활은 시간이 지남에 따라 보다 아름답고 행복한 것이 될 것이다.

⑪ 서로에게 사랑과 평화와 선의를 나누도록 하라. 그러면 이러한 것들이 잠재의식에 수신되어 상호간의 신뢰와 애정, 존경 등을 낳게 된다.

⑫ 소위 바가지를 심하게 긁는 아내들은 대체로 남편의 주의 집중을 받고 싶어 하고 감사의 표현을 듣고 싶어 한다. 다시 말해, 남편으로부터 애정을 갈망하고 있는 것이다. 이런 때는 아내의 장점을 칭찬해 주라. 아내를 사랑하고, 또한 감사하고 있다는 것을 표시하라.

⑬ 아내를 사랑하는 남자는 불친절한 것으로 보이는 언어나 태도, 행동 등을 일절 하지 않는다. 사랑은 사랑을 영위하는데 있다.

⑭ 부부간에 문제가 발생하면 반드시 전문가의 의견을 청취하도록 하라. 아마, 이빨을 빼기 위해 목수를 찾아가는 사람은 없을 것이다. 마찬가지로, 친구나 친척들에게 부부간의 문제를 이야기해서 는 안 된다. 의논을 하려면 전문가를 찾아가야 한다.

⑮ 아내나 남편을 자기가 원하는 사람으로 만들려고 해서는 안 된다. 그것은 어리석은 짓이며, 상대의 자존심을 해치는 결과가 된 다. 또, 이는 상대로 하여금 반항심을 낳게 하여 결혼 생활에 치명적인 결과를 초래한다. 아내나 남편을 자기의 틀에 맞추고자 하는 생각은 지극히 위험스러운 것이다.

⑯ 과학적인 기도는 어떤 문제든 해결해 준다. 언제나 남편은 아내를 마음속으로, 아름답고, 온화하고, 건강한 존재로서 그리도록 하라. 그리고 아내는 남편을 마음속으로 힘차고, 애정이 깊고, 조화 있고, 친절한 사람으로 생각하도록 힘쓰라. 그러면 당신은 조화와 평화의 나라, 천국에서 이루어진 황홀한 결혼 생활을 체험하게 될 것이다.

제3장

알코올 중독을 퇴치하는 방법

Joseph Murphy's nomology of good success

모든 해답은 바로 '문제' 속에 내포되어 있다. 어떤 문제에나 해답은 포함되어 있다. 만일 당신이 어려운 문제에 부딪혀서 어떻게 해야 할지 분명히 알지 못할 때 이용할 수 있는 최선의 방법이 있다. 즉, 자기의 잠재의식 속에 내재되어 있는 무한의 지성은 '모든 걸 알고 있고, 모든 것을 보고 있으므로 당신이 부딪친 그 문제에 대한 해답을 준비하여 당신에게 제시해 준다'고 생각하는 방법이다.

이렇게 창조적 지성이 당신에게 해결 방법을 마련해 주고 있다는 새로운 태도를 지니면 그에 대한 해답은 쉽게 찾아질 수 있다. 그와 같은 마음의 태도는 당신이 하는 모든 일에 대하여 질서와 평화와 의미를 지니게 해 준다고 믿도록 하라.

❧습관의 조성과 파괴❧

당신이란 존재는 습관에 의해 만들어진 것이다. 습관은 바로 잠재의식의 작용이다. 당신이 수영·자전거·댄스·자동차 운전 등을 배우게 된 것은 이를 몇 번씩이나 의식적으로 되풀이하여 잠재의식 속에 그 노선이 확립함으로써 이루어진 결과이다. 일단 그렇게 노선이 확립되면, 당신의 잠재의식이 지니는 자동적 습관이 그 뒤에 일어나는 일들을 모두 인수해 준다. 이는 제2의 천성天性이라고 불리기도 하는데, 이는 당신의 사고나 행위에 대한 잠재의식의 반응인 것이다.

좋은 습관이나 나쁜 습관을 조성하는 일은 모두가 당신의 장기長技이다. 당신이 오랫동안 마음속으로 부정적인 사고를 되풀이하게 되면, 당신은 습관의 강제를 받게 된다. 잠재의식의 법칙은 바로 '강제' 그것이기 때문이다.

❧잘못된 습관을 바로 잡는 길❧

존스 씨가 나에게 말했다.

"술을 마시고 싶은 강한 욕구가 나를 사로잡고 있습니다. 도무지 놓아 주려고 하지를 않아요. 나는 2주일 동안 계속해서 마시고 취했지요. 그런데도 도저히 그 무서운 습관을 버릴 수가 없습니다."

이렇게 존스 씨는 불행한 경험을 거듭해 왔던 것이다.

그는 과도한 음주 습관에 빠져 있었다. 처음에는 스스로 마시기 시작했던 것이 점차 습관화 되고, 어느 때부터인가 이 습관으로부터 벗어날 수 없게 되었다는 것을 깨달았다. 그의 말에 의하면, 자신의 의지로 이러한 욕구를 잠시 억제할 수는 있지만, 이 같은 노력을 몇 번씩이나 거듭하는 동안에 사태가 더욱 악화하였다는 것이다. 몇 번씩이나 거듭해 실패했기 때문에 이제는 자신이 무력하며, 자기의 충동 또는 고정 관념을 제어할 힘이 없다고 믿게 된 것이다. 그러니까 '나는 무력하다'고 하는 고정 관념이 그의 약점을 더욱 악화시켰으며, 그의 인생은 계속해서 무기력해지며 결국에는 실패하기에 이르렀다.

나는 그에게 '의식하는 마음의 기능'과 '잠재의식의 기능'을 조화시킬 것을 권했다. 이 두 가지 기능이 서로 협력을 이루게 되면, 잠재의식 속에 심어진 소망은 틀림없이 실현된다.

그의 생각하는 마음은, 설사 그의 잘못된 습관 노선이 아무리 자기를 곤혹스럽게 한다고 할지라도 자기는 의식적으로 무력한 힘을 떨쳐내고 자유와 금주와 마음의 평화에 이르는 새로운 힘을 양성할 수 있다는 데에 동의하였다.

그는 자기의 파괴적인 습관이 자동으로 양성된 것임을 알고 있었으나, 그것이 자기의 의식적인 선택에 의해 획득된 이상, 그것을 교정시킬 무한한 힘이 있다는 것을 깨달았다. 그는 자기가 무력하다는 생각을 바꿔, 이젠 자기의 잘못된 습관을 치유할 수 있는 힘이 자신에게 있다고 이해한 것이다. 그는 더 이상의 정신적 노력이나 강제의 필요성을 느끼지 않게 된 것이다.

❀ 마음속에 그린 그림의 힘 ❀

그는 몸과 마음을 편안히 한 상태에서 느긋하게 명상의 상태로 들어갈 수 있는 습관을 얻었다. 그런 뒤에 자기의 마음속에 소망이 이루어졌을 때의 정경으로 가득 차게 하고, 잠재의식만이 이를 보다 간단한 방법으로 이루어 줄 수 있다고 확신했다.

"아빠가 집에 계시니까 난 기뻐요."

그는 이렇게 자유를 되찾은 자신을 향해 자기의 딸이 기뻐하는 장면을 상상했다. 그는 술 때문에 이미 가정까지 잃게 되었다. 그는 자기 가정을 찾아갈 수 있는 기회조차 얻을 수 없었고, 이젠 아내마저도 그를 포기한 상태였다.

그는 규칙성 있게 앞서 말한 방법으로 명상했다. 자신의 주의력이 빗나가려고 하면 그는 곧 활짝 웃고 있는 딸의 얼굴과 딸의 즐거워하는 목소리가 가득한 자기 집 풍경을 마음속으로 그려나갔다.

이러한 명상은 그에게 새로운 출발점을 제시해 주었다. 그것은 완만한 과정이었으나 그는 뜻을 굽히지 않고 계속해 나갔다. 시간의 차이는 있을망정, 자기의 잠재의식 속에 새로운 습관을 주입할 수 있다고 확신하면서 명상을 계속한 것이다. 나는 그에게, "의식하는 마음은 카메라와도 같으며, 잠재의식은 그 작용을 받아들이는 감광판感光板과 같다."고 설명해 주었다.

이러한 나의 설명은 그에게 깊은 영향을 주었다. 그 결과, 그는 자기의 마음속에 자기가 바라는 바의 모습을 선명히 그려 넣고 이를 현상하기에 이르게 되었다. 사진 필름이 암실에서 현상되는 것과 마찬가지로 마음의 그림 역시 잠재의식이라는 암실에서 현상된다.

❀
❧주의력의 집중❧

자기의 '의식하는 마음'은 단지 카메라와 같은 것이라고 생각한 그는 억지로 노력하지 않았다. 즉, 마음속의 격투가 전혀 없었던 것이다. 단지 그는 조용히 자기의 마음을 자기가 그림으로 그려 넣은 광경에 집중하고, 점차 이 그림을 자기 속에 융화해 갔다. 그는 이와 같은 마음의 영화映畫를 되풀이하였고, 그럴수록 그는 한없이 그러한 분위기에 이끌려 들어가게 되었다.

이제 그의 치유는 목전에 다가와 있었다. 술을 마시고 싶은 욕구가 생기면, 마음속에 집안 식구들과 단란한 시간을 보내는 그림을 그리며 사고를 전환하였다.

그는 자기가 마음속에서 현상하고 있는 사진의 광경을 현실적으로 체험할 수 있다는 확신을 가지고 기대하였다.

그는 성공하였다. 오늘의 그는 '콘체론'의 회장으로서 거부巨富가 되어 행복한 생활을 누리고 있다.

❀ ❀
❧ 병을 고칠 수 없었던 남자 ❧

여기 한 남자의 예를 소개한다.

그는 기혼자로서 네 명의 아이가 있었으나 사업상 여행을 하게 될 때는 아내가 아닌 숨겨 둔 여자를 데리고 가곤 했다.

그의 몸은 병들어 있었고, 몹시 신경질적이었으며, 작은 일에도 화를 내어 다른 사람과 싸우기 일쑤였는데, 수면제 없이는 잠을 이루지 못하였다. 의사로부터 약을 받아 복용했지만 200을 넘는 고혈압은 내릴 줄을 몰랐다. 그는 온몸이 안 아픈 데가 없었지만, 의사는 정확한 진단을 내리지 못하였고, 그의 고통을 덜어 주지도 못하였다.

그는 하루도 술을 안 마시고는 못 견뎠는데, 일단 마셨다 하면 정신을 잃을 정도로 많이 마셨다.

그는 자신이 왜 이런 상태에 놓이게 되었는지 그 원인을 몰랐으므로 항상 깊은 죄악감에 빠지곤 했다. 이는 결혼 서약을 저버린 것이었으므로 그는 늘 괴로웠다.

그는 신앙심 깊은 부모 밑에서 교육받고 자라났다. 그 때문에 그의 잠재의식에는 종교나 신앙에 대한 신념이 깊게 뿌리박고 있었다. 이러한 죄악감으로부터 벗어나기 위해 그는 지나치게 술을 마셨던 것이다. 환자가 심한 통증을 느끼게 될 때 진통제를 쓰는 것처럼, 그는 마음의 아픔이나 상처를 잊기 위해 알코올의 힘을 빌렸던 것이다. 그러나 이러한 행동은 불에다 기름을 붓는 것과 같다.

❧❧
❧설명과 치유❧

그는 '자기의 마음을 다스리는 방법'에 관한 나의 설명에 귀를 기울였다. 그는 자기가 직면하고 있는 사물을 직시하고, 일인이역의 어리석은 행위를 중단하였고, 그는 자기가 지나치게 술을 퍼마시는 것은 일시적인 도피에 불과하다는 것을 깨달았던 것이다. 그는 잠재의식에 심어진 숨은 원인들을 찾아 제거해야만 하며, 그렇게 하면 술버릇을 치유할 수 있다는 사실을 알게 되었다.

그는 하루에 서너 차례씩 다음과 같이 기도하며 자기의 잠재의식 속에 새겨 두었다.

"나의 마음속에는 평화와 침착, 평형과 균형으로 가득하다. 나의 내면에서 무한한 지성이 미소 지으며 몸을 편히 쉬게 하여 준다. 나는 과거나 현재, 또는 미래의 그 어떤 것들도 두려워하지 않는다. 나의 잠재의식에 내재된 무한한 지성이 모든 면에 있어서 날 가르치고 안내하고 지시해 준다. 나는 지금 그 어떤 상황에도 신념과 침착과 평정과 자신을 가지고 대처할 수 있다. 나는 이제, 나를 괴롭히던 습관들로부터 완전히 해방되었다. 나의 마음은 내재하는 평화와 자유와 기쁨으로 가득하다. 나는 나 자신을 용서한다. 그리고 용서받고 있다. 평화와 절도와 자신감이 내 마음을 지배하고 있다. 나는 앞으로 행복할 것이고, 또한 지금도 행복하다."

그는 이와 같은 기도를 하루에 몇 번씩 되풀이하여, 자기가 지금 무엇을 하고 있는지, 그런데 왜 그렇게 하고 있는지를 마음속으로 충분히 의식하게 되었다. 자기가 하고 있는 일이 어떤 것인지를 알면 자신감과 신념이 부여된다.

나는 그에게, "그와 같은 말을 소리 내어 천천히, 그리고 애정을 담아 차근차근 의미를 이해하면서 되풀이하면, 점차 당신의 잠재의식 속으로 그 모든 것이 빨리 새겨진다."라고 설명해 주었다. 땅에 뿌려진 식물의 씨앗이 싹트듯 잠재의식에 심어진 모든 사고는 열매를 맺어 준다.

그가 마음을 집중한 이러한 진리는, 눈을 통하여 내면으로 들어가고, 귀를 통하여 그 말을 이해하며, 마음을 통하여 그 말의 치유력 있는 파동이 잠재의식에 도달하게 되어, 모든 문제의 근원이던 부정적인 마음을 소멸케 한 것이다.

빛은 어둠을 쫓아 주고, 적극적인 사고는 부정적인 사고를 파괴하는 것이다. 그는 이윽고 다른 사람으로 탈바꿈하게 되었다.

☆ ☆
✎잘못을 시인하지 않는다는 것✎

만일 당신이 알코올이나 마약 중독자라면, 이를 곧 시인하도록 하라. 그것을 부인하며 피하려고 해서는 안 된다. 많은 사람들이 알코올 중독 상태에서 벗어나지 못하는 것은 이를 시인하지 않기 때문이다. 이렇게 시인하지 않는 것은 불안정. 즉 내재하는 불안 때문이다. 당신은 인생에 정면으로 맞서기를 거절하고, 그에 의하여 음주에 대한 책임으로부터 벗어나고자 하는 것이다.

당신은 자유의사를 가지고 있다고 생각하거나, 또는 자기 의지의 힘을 자만하기조차 하는지 모르지만, 사실상 알코올 중독 상태에 빠져 당신은 전혀 자유로운 의지를 갖추고 있지 못하다. 만일 당신이 습관적인 주정꾼으로서, "나는 다시는 술을 입에 대지 않을 것이다."라고 당당하게 선언하였다 하더라도, 사실 당신에게는 이와 같은 당신의 주장을 실행할 만한 힘이 없다. 왜냐하면, 그 힘이 어디에 있으며 어떻게 사용해야 하는지 당신은 알지 못하기 때문이다.

당신은 자기 스스로 만든 심리학적 감옥 속에서 살고 있으며, 자기의 신념이나 의견, 훈련이나 환경의 영향에 의해 묶여 왔다. 당신은 습관에 의하여 만들어졌다. 당신은 현재 당신이 가지고 있는 반응의 방식으로 반응되도록 조건 지어지고 있는 것이다.

✺ ⊶자유라는 관념을 형성하는 일⊷

당신은 자유와 마음의 평화라는 사고를 마음속에 심어놓고, 그것이 잠재의식의 심층에 도달하도록 할 수 있다. 잠재의식은 만능이므로 알코올에 대한 욕구로부터 당신을 해방시켜 준다. 또한 당신은 자기 마음의 작용법에 대해 새로운 이해를 지닐 수 있고, 자기가 한 말을 입증하고 그것이 진리임을 증명할 수 있다.

∞ ∞
∽51%의 자유∾

만일 당신이 그 어떤 파괴적인 습관으로부터 자유로워지고 싶은 예민한 욕구를 지니고 있다면, 당신은 이미 51%는 치유되고 있는 것이다. 어떤 나쁜 습관을 계속하기보다는 버리고 싶다는 욕구가 강하면 강할수록 당신은 어렵지 않게 완전한 자유를 얻을 수 있다.

당신이 일단 마음먹은 사고는 그것이 어떤 것이든 간에 더욱 확대된다. 만일 당신이 자유습관으로부터의 자유와 마음의 평화를 위해 자신의 마음을 이용한다거나, 또는 새로운 주의注意 방향으로 마음을 집중시킨다면, 당신은 자유와 평화라는 생각을 서서히 자기의 감정과 정서로서 받아들이게 된다. 그리고 당신이 정서화한 생각은 그것이 어떤 것이든 간에 잠재의식에 의해 받아들여져 현실로 나타나게 된다.

∞ ∞
∽치환置換의 법칙∾

당신은 고통 뒤에는 반드시 무엇인가 좋은 일이 생긴다는 것을 깨달아야 한다. 고통스럽고 괴로웠던 모든 일이 결코 헛된 것일 수는 없다. 그러나 무한정으로 괴로워한다는 것 또한 현명하지 못한 일이다. 만일 알코올 중독 상태가 계속된다면, 정신적으로나 육체적으로 황폐와 퇴폐가 뒤따른다.

그리고 잠재의식에 내재된 힘이 당신을 지지하고 있다는 것을 깨달아야 한다. 설사 당신이 우울증에 휩싸인다고 하더라도, 당신을 위해 저축되어 있는 자유로운 기쁨을 마음속으로 상상해야 한다. 이것이 바로 치환의 법칙이다.

당신은 상상력에 의해 술이 있는 곳으로 인도되었었다. 그렇다면 이번에는 그러한 상상력에 의해 자유와 마음의 평화가 있는 곳으로 인도되어 보자. 처음엔 고통을 느끼게 될지 모르지만, 그것은 잠시뿐이다. 건설적인 목적을 위해서라면 그 정도의 고통쯤은 인내해야 할 것이다. 당신은 출산의 고통을 참아내는 임산부처럼 당당히 견뎌 내야 한다. 그러면 임산부와 마찬가지로 정신적인 아기를 출산하게 된다. 즉, 당신의 잠재의식이 단주斷酒라는 아이를 출산하게 되는 것이다.

∞⅋
∾알코올 중독의 원인∾

알코올 중독의 원인은 부정적이며 파괴적인 사고 때문이다. 생각하는 것. 그것이 바로 자신이기 때문이다.

알코올 중독 상태에 놓인 사람들은 깊은 열등감·부적응감不適應感·패배감·좌절감 등을 지니며, 여기에는 보통 내재하는 깊은 적의敵意가 수반된다.

알코올 중독 상태에 놓인 사람들이 술을 마시는 데는 무수한 이유가 뒤따른다. 그러나 오직 한 가지 분명한 이유는 자신의 사고 생활에 있는 것이다.

☙❧
∽마술적인 효과를 위한 명상 3단계∽

제1단계 조용한 마음 상태를 유지하고, 마음의 회전을 정리하라. 이와 같은 편안한 자세와 평화적이며 수용적受容的인 가수면假睡眠 상태에서 다음의 제2단계에 들어가라.

제2단계 기억 속에 새겨질 수 있는 짧은 문구를 만들어서 이를 자장가처럼 몇 번이고 되풀이하여 외우자.

"이제 단주斷酒와 마음의 평화는 나의 것이다. 나는 이에 대해 감사한다."

이러한 문구를 주의가 흐트러지지 않도록 5분 동안 소리 내어 외워라. 그리고 마음속으로 되새길 때는 발음대로 입술과 혀를 달싹달싹 움직이면서 외우도록 하라. 이는 잠재의식에 대한 각인 작업에 도움이 된다. 이렇게 하면 당신은 깊은 정신적인 반응을 발견하게 될 것이다.

제3단계 잠자리에 들기 직전에 독일 작가 괴테가 자주 썼던 방법을 실행하라. 눈을 감고 편안한 자세, 편안한 기분으로, 친구 또는 사랑하는 사람이 눈앞에 있는 장면을 상상하라. 사랑하는 사람이나 친구가 당신 앞에서 "축하합니다." 하는 장면을 마음속으로 그려라. 마음속 깊이 그의 미소와 그의 목소리를 들어라. 그리고 그의 손을 잡는다. 모든 것이 선명하며, 현실적으로 다가올 때까지 이러한 상상을 계속 되풀이하라.

"축하합니다."

이 말은 완전한 자유를 의미한다. 여러 번 계속해서 그 목소리를 듣고 실감하며, 만족감을 느껴 보자. 그러면 잠재의식의 반응이 뒤따른다.

∞ ∽

∽지속적인 노력이 필요하다∽

염려와 두려움이 마음의 문을 두드리거나, 근심이나 불안·의심 등이 마음속에 자리 잡으면, 자신의 비전과 자신의 목표를 주시하라. 당신의 의식 속에 있는 무한한 힘을 생각하라. 당신은 이 힘을 스스로 상상함으로써 발생케 할 수 있다. 그리고 이 힘은 당신에게 자신감과 힘과 용기를 줄 것이다. 날이 새고 어둠이 사라질 때까지 계속해서 이를 실행하라.

제4장

자기 자신과 남을 용서하는 방법

Joseph Murphy's nomology of good success

'생명은 한쪽으로 편중되지 않는다. 하느님은 곧 생명이다.'

이 생명의 원리는 지금도 당신의 내부에 흐르고 있다. 하느님은 당신을 통해 조화와 평화, 아름다움과 기쁨, 그리고 복된 자기표현을 원하고 있다. 우리는 이것을 '의지' 또는 '생명의 경험'이라 부르고 있다.

그런데 만일, 당신이 마음속으로 이러한 생명의 흐름에 대해 저항한다면, 갖가지 부정적인 상태를 야기하게 된다. 하느님은 이 세상의 불행한 상태, 또는 혼란한 상태 등과는 관계가 없다. 이와 같은 상태는 모두 인간들의 부정적이며 파괴적인 사고에 의해 야기된다. 따라서 자기가 어떠한 분쟁에 휘말렸다거나 병에 걸렸다고 해서 하느님을 탓하는 것은 어리석은 짓이다.

많은 사람들은 인류의 죄나 질병 또는 고뇌를 하느님의 탓으로 돌리고 하느님을 비난함으로써 습관적인 생명의 흐름에 대하여 정신적으로 저항하고 있다. 그리고 고뇌나 아픔, 사랑하는 사람을 잃은 슬픔, 개인의 불행이나 사고 등을 하느님의 탓으로 돌리고 비난하는 사람들도 있다. 이런 사람들은 자기들의 비참과 불행이 하느님의 책임이라고 믿고 하느님에 대해 폭언을 하기까지 한다.

이와 같이 하느님에 대해 비난과 부정적인 사고를 가지고 있는 한 잠재의식은 그와 같은 부정적인 반응을 일으키게 될 것이다.

이런 사람들은 자기가 자신을 벌하고 있다는 사실을 모르고 있다. 이들은 하루빨리 진리를 바로 보고 구제를 발견해야 한다. 그리고 자기 이외의 어느 누구, 어떤 힘에 대해서도 비난이나 분노, 노여워하는 마음을 버려야 한다. 그렇지 않고서는 건강하고 행복하며 창조적인 활동을 누릴 수 없다.

이러한 사람들이 사랑의 하느님을 마음속에 품을 때, 또한 '하느님은 애정 깊은 나의 아버지이며, 나를 지켜주고, 도와주고, 가르쳐 주고, 강하게 해 주는 존재'라고 믿을 때, 하느님, 즉 생명의 원리에 관한 사고와 신념이 곧바로 자기의 잠재의식 속에 받아들여진다. 그러면 자신이 그 하느님으로부터 무수한 혜택을 받게 된다는 사실을 깨닫게 될 것이다.

৪০৫৪

৵생명은 언제나 당신을 용서한다৵

당신이 손가락을 칼로 베었을 때, 생명은 그런 당신을 용서해 준다. 그리고 곧 당신에게 내재하는 잠재의식의 지혜가 손가락의 상처를 낫게 하기 위한 치료 작용에 착수한다. 즉, 새로운 세포가 상처 위에 다리를 놓아 주는 것이다.

그리고 만일, 당신이 잘못하여 상한 음식을 먹었을 경우에도 생명은 당신을 용서한다. 그리고 당신을 위해 그 음식물을 토하게 한다.

당신이 잘못하여 손에 화상을 입었을 경우에도 생명의 원리는 당신을 용서하고, 물집이나 충혈을 낫게 해 주고, 새로운 피부와 새로운 조직, 세포 등을 부여한다.

이처럼 생명은 잘못을 저지른 당신에 대해 원한을 품지 않고, 언제나 당신을 용서해 준다. 그리고 만일 당신이 협력하여 자연과 조화된 생각을 할 수 있게 된다면, 생명은 당신에게 건강과 활력과 조화와 평화를 가져다준다.

반면에, 당신이 부정적인 기억이나 분노, 또는 악의 등을 생각하게 되면, 이는 당신 속에 있는 생명의 원리가 자유로이 흐르지 못하도록 방해하는 것이 된다.

‹죄악감으로부터 벗어난 남자›

내가 알고 있는 어떤 사람은 매일 밤 한 시경까지 일하곤 했다. 그는 자기 아내와 두 아들에 대해서는 전혀 관심이 없었다. 그는 그렇게 언제나 일에만 파묻혀 살았다.

그는 자기가 매일 그렇게 열심히 일하는 이상, 가족들은 그런 자기를 찬양해야 한다고 생각했다. 그는 항시 혈압이 200을 오르내렸으며, 마음속은 죄악감으로 가득 차 있었다. 그런 생각을 품고 있는 그는 무의식적으로 과로하게 일함으로써 자기 스스로 자기를 채찍질하게 되었고, 자기와 아내와 아이들을 완전히 무시했다.

그가 정상적인 사람이었다면 결코 그럴 수는 없었을 것이다. 정상적인 사람이라면, 아이들의 성장에 대하여 그처럼 무관심하고, 아내를 자기의 세계에서 추방해 버리는 따위의 어리석은 짓을 할 리가 없다.

그래서 나는 그에게 물었다.

"당신이 무엇 때문에 그렇게 열심히 일해야 하는지 이유를 압니까?"

그러고는 그 이유를 설명해 주었다.

"당신의 마음속에는 무엇인가 당신을 좀먹고 있는 것이 있습니다. 그렇지 않은 다음에야 어떻게 그런 일을 할 수 있겠습니까? 당신은 지금 자기 스스로 자신을 벌하고 있는 것입니다. 따라서 당신은 우선 자신을 용서할 줄 알아야 하며, 그것을 배워야 합니다."

사실 그는 깊은 죄의식을 느끼고 있었다. 그것은 자신의 형제들에 대한 것이었다.

나는 그에게, '당신을 벌하고 있는 것은 하느님이 아니라 바로 당신 자신'이라고 설명해 주었다. 예를 들어, 생명의 법칙을 오용한 사람들은 그에 상응하는 보복을 받게 된다. 껍질이 벗겨진 전깃줄을 만지게 되면 상처를 입듯이 말이다.

자연의 힘은 결코 나쁜 것이 아니다. 그것이 내포하고 있는 것이 좋으냐 나쁘냐는 이를 이용하는 방법에 달린 것이다. 즉, 전기는 결코 나쁜 것이 아니다. 전기가 건물을 태워 버리느냐, 또는 집 안을 밝혀 주느냐 하는 결정은 그것을 어떻게 사용하느냐에 달려 있다. 유일한 죄악이나 벌罰은 이 법칙을 잘못 사용하는 데서 일어나는 자동적인 반응이다.

화학의 원리를 잘못 이용할 경우, 회사든 공장이든 한 순간에 날아가 버린다. 주먹으로 널빤지를 세게 치면 다치게 마련이듯이. 널빤지는 그런 목적으로 존재하는 것이 아니기 때문이다. 널빤지는 울타리를 만들거나 마루를 깔거나 하는 데 그 목적이 있는 것이다.

결국 그 남자는, '하느님은 어느 누구에게도 죄를 주거나 벌하는 일이 없으며, 자신을 괴롭히는 모든 파괴적인 사고에 대한 잠재의식의 반응 때문'이라는 것을 깨달았다.

옛날에 그는 자기 형제를 기만한 적이 있었다. 그런데 그 형제가 지금은 세상을 떠나고 없기 때문에 그는 날마다 마음속에 후회와 참회로 가득 차 있었던 것이다.

나는 그에게 물었다.

"당신은 지금도 옛날처럼 당신의 형제를 기만합니까?"

그가 대답했다.

"절대 그렇지 않습니다."

"그렇다면 그때는 그것이 옳다고 생각하였습니까?"

"그렇습니다."

"그러나 지금은 그럴 수가 없겠지요?"

"물론입니다. 지금 나는 다른 사람들에게 인생을 살아가는 방법에 대해 가르치고 있으니까요."

그리고 나서 나는 그에게 다음과 같이 덧붙여 말했다.

"당신은 지금, 옛날보다 더욱더 많은 이해심과 이성을 가지고 있어요. 용서한다는 것은 당신 자신을 용서한다는 뜻입니다. 용서한다는 것은 당신의 생각을 하느님의 조화적인 법칙에 맞추는 것입니다. 자기 단죄는 지옥속박과 구속이며, 자기 용서는 천국조화와 평화입니다."

그후부터 그의 마음속에서 죄악감과 자기 단죄의 무거운 짐이 제거되었다. 그리고 그는 완전히 치유되었다. 의사가 다시 그의 혈압을 측정해 보았을 때, 정상으로 돌아와 있었다.

∞ ∞
⟿자기를 용서하게 된 살인범⟿

언젠가 유럽에서 자기 남동생을 죽인 남자가 나를 찾아온 적이 있었다. 그는 틀림없이 하느님이 자기 죄에 대해 응징할 것이라고 믿어 커다란 정신적인 고뇌와 번민을 안고 있었다.

그가 동생을 죽이게 된 동기는 이러했다.

'그는 남동생이 자기의 아내와 정을 통하는 것을 목격했다. 그는 눈이 뒤집히는 듯한 충격을 느꼈고, 순간적으로 총을 꺼내 동생을 사살했다.'

이 사건은 내가 그를 만나기 15년 전에 있었던 일이다. 그는 그 후 미국 여자와 결혼했고, 세 아이를 낳아 행복한 가정을 꾸려 가고 있었다. 그리고 그는 많은 사람을 도와주는 위치에 있었다. 그러니까 지금은 이미 옛날과는 딴사람이 되어 있었다.

나는 그에게 다음과 같이 설명해 주었다.

"육체적으로나 심리적으로 볼 때, 당신은 이제 과거의 자기 동생을 사살했던 사람과는 다른 사람입니다. 과학자들에 의하면, 우리 인간의 세포는 11개월마다 한 번씩 바뀐다고 합니다. 그러니까 육체적으로 지금의 당신은 과거의 당신이 아니라는 것입니다. 그리고 또 당신은 정신적으로 새로이 태어나고 있습니다. 당신의 마음속엔 인류에 대한 사랑과 선의로 가득 차 있

266

습니다. 15년 전에 살인죄를 저지른 그 사람은 이미 정신적으로 죽은 지 오래입니다. 따라서 당신은 지금 죄가 없는 사람을 책망하는 셈이 됩니다."

그는 나의 이러한 설명에 깊은 영향을 받았다. 그는 이제야 비로소 무거운 짐으로부터 해방된 기분이라고 말했다. 즉, 그는 다음과 같은 성서의 진리를 깨달았던 것이다.

"여호와께서 말씀하시되, 오라! 우리가 서로 변론하자. 너의 죄가 주홍 같을지라도 눈과 같이 희어질 것이요, 진홍같이 붉을지라도 양털같이 되리라."이사야서 제1장 18절

∽나에 대한 비판을 교정약으로 생각하라∽

다음은 한 여교사에 관한 이야기이다.

그녀가 어느 좌석에서 발언하고 있을 때, 한 동료 교사가 말을 가로막으며 다음과 같이 비판했다.

"선생님의 말씀은 너무나 빨라서 좀처럼 알아들을 수가 없어요. 그리고 잘 들리지도 않고, 용어도 빈약하고, 말 전체가 설득력이 없습니다."

정면으로 신랄한 비판을 받고 난 그녀는 참을 수 없는 분노를 느꼈다. 이와 같은 비판에 대해 그녀는 무서운 원한까지 느꼈을 정도였다. 그러나 나의 설명을 듣고 난 그녀는, 동료 교사의 그러한 비판이 나에게만은 무리가 아니었음을 인정하였다.

그녀의 처음 반응은 아주 어린 아이와도 같았다. 그러나 자신에게 있어

서 그러한 비판은 참된 혜택이었으며, 멋진 교정약이었다는 것을 깨닫게 되었다. 그녀는 곧 시티 칼리지의 연설법 코스를 밟아 자기 화술의 결점을 교정하는 데 착수하였다.

그녀는 자기의 화술에 비판을 가한 사람에게 편지를 썼다. 자기의 연설에 관심을 가져준 데 대해 고마움을 표시한 뒤에, 그의 비판이 자신에게 크나큰 도움이 되었다고 감사하였다.

ℐℑ

∽제단祭壇에 남겨져서∾

몇 년 전, 나는 어떤 결혼식의 주례를 위해 교회에 나갔던 일이 있다. 그런데 기가 막힐 노릇은, 식장에 신랑이 나타나지 않는 것이었다. 거의 두 시간이나 기다렸는데도 신랑이 나타나지 않자 신부가 눈물을 흘리면서 말했다.

"저는 하느님의 지시를 바라며 기도했어요. 어쩌면 이것이 저의 기도에 대한 해답일지도 모르겠어요. 하느님은 반드시 해답을 주시는 분이니까요."

이것이 곧 그녀의 반응이었다. 즉, 하느님과 모든 선한 것에 대한 신념이 그녀의 반응이었던 것이다.

그녀의 마음속에 원망 같은 것은 없었다. 그것은 다음과 같은 그녀의 말속에서 읽을 수 있었다.

"저는 오직 우리 두 사람만을 위해 기도했거든요. 그러니까 그것은 결코 올바른 행위일 수가 없었지요."

바로 이것이다. 만일 다른 사람이 이러한 경험을 했다면 어떻게 될까? 아마 짜증을 내고 신경질이 극에 달해 병원에 입원하는 소동을 피웠을지도 모른다.

당신의 심층에 있는 무한한 잠재의식의 지성에 파장을 맞추어, 마치 엄마 품에 안긴 아기가 엄마를 믿듯이, 그것에서 나올 해답을 절대로 믿으라. 그러면 침착과 정신적·감정적인 건강을 얻게 된다.

∞∞ ∝
잘못된 가르침으로 인한
잘못된 생각에서 벗어난 여인

몇 년 전, 22세의 한 여인과 이야기를 나눈 적이 있는데, 그녀는 이렇게 주장했다.

"섹스도, 트럼프도, 수영도, 그리고 남자들과의 데이트도 모두가 죄악일 뿐입니다."

그녀는 어려서부터 어머니로부터 엄한 교육을 받아온 터였다. 즉, 그녀의 어머니는 그녀에게 이렇게 교육했던 것이다.

"만일 어른들의 말을 듣지 않거나 종교의 가르침을 따르지 않으면 영원한 지옥에 빠져 불세례를 받게 될 것이다."

그녀는 그때 검은 드레스를 입고, 검은 스타킹을 신고 있었다. 그녀는 어머니의 가르침에 따라 입술에 루주를 바르지 않았고, 전혀 화장도 하지 않은 상태였다.

그녀는 또한, '남자는 모두가 악의 씨앗이며, 섹스는 악마의 행위로서 악마적 방탕에 지나지 않는다'고 믿고 있었다. 그것이 평소 자기 어머니의 가르침이었던 것이다.

이 여인은 늘 죄악감에 사로잡혀 있었다. 따라서 그녀가 우선적으로 배워야 할 것은 자기를 용서하는 일이었다. 용서한다는 것은 옛것을 버리고 새것을 구한다는 뜻이다. 그녀는 지금까지 잘못된 신앙을 버리고, 새로운 진리와 새로운 자기 평가를 구해야만 했다.

그녀가 처음 자기 직장에서 젊은 남성과 어울렸을 때, 그녀는 깊은 죄악감을 갖게 되었다. 그래서 이제 틀림없이 하느님이 자기를 벌하리라고 믿었던 것이다. 몇 명의 멋있는 청년이 그녀에게 청혼을 했을 때도 그녀는 이렇게 생각했다고 한다.

'결혼은 좋지 않은 것이며, 성행위는 더더욱 나쁜 것이다.'

이것이 그녀의 양심, 즉 어려서부터 심어진 인생관이었던 것이다.

그녀는 그 후 일주일에 한 번씩 10주 동안 나를 찾아왔고, 그때마다 나는 그녀에게 '의식하는 마음'과 '잠재의식의 작용'에 관하여 가르쳐 주었다.

결국, 그 여인도 자기가 무지하여 미신을 믿고 있다는 것을 알게 되었다. 그리고 완고하고 좌절감에 처한 어머니에 의하여 자신이 완전히 세뇌되었다는 것을 알게 되었는데, 그것은 마치 최면술에 걸린 것과도 같은 상태였다고 그녀는 말했다.

그녀는 그 후로 가족들과 완전히 손을 끊고, 보다 희망찬 새 생활을 찾을 수 있었다. 내가 권하는 대로, 그녀는 머리도 손질하고, 옷 치장도 하였으며, 또 얼굴에 화장도 하게 되었다. 그녀는 남성 교사에게서 댄스와 자동차 운전을 배웠고, 수영과 트럼프도 배웠으며, 멋있는 남성들과 데이트도 하였다. 그녀는 이제 인생을 사랑할 줄 알게 된 것이다.

그녀는 이상적인 남자와 만날 수 있도록 하느님에게 기도하였으며, 무한한 지성이 자기와 완전히 조화를 이룰 수 있는 남성을 자기에게 이끌어 주기를 기원하였다. 그리고 마침내 그 기원이 실현되었다.

어느 날 밤, 그녀가 나의 사무실에서 나가려고 했을 때 한 남자가 나를 찾아왔다. 나는 별다른 뜻을 두지 않고 그들 두 사람을 서로에게 소개했다. 그런데 그 후 두 사람은 결혼을 하게 되었고, 지금은 완전히 조화된 부부로서 행복한 결혼 생활을 보내고 있다.

※ ※

용서하는 마음이 병을 치유한다

"서서 기도할 때에 아무에게나 혐의가 있거든 용서하라."

마가복음 제11장 25절

남을 용서한다는 것은 마음의 평화로 보나 육체의 건강 면으로 보나 빼놓을 수 없는 요소이다. 만일 당신이 완전한 건강과 행복을 원한다면, 먼저 당신의 기분을 상하게 하였던 모든 사람들을 용서해야만 한다. 그리고 나서 당신이 생각하는 바를 하느님의 법과 질서에 조화시킴으로써 당신 자신을 용서하는 것이다.

우선 남을 용서하기 전에는 자신을 완전하게 용서할 수가 없다. 자기 자신에 대해 용서하기를 거절하는 것은 정신적 오만이나 무지 이외에 아무것

271

도 아니다.

"몹시 화를 내거나 남을 원망하고, 몹시 후회하거나 남에게 적의를 품는 일 등은 모두 관절염에서 심장병에 이르기까지 많은 병의 원인이 된다."

이는 오늘날의 정신신체의학 분야에서 강조하는 내용이다. 다른 사람에 의해 감정을 훼손당한다거나, 인간 이하의 모멸적인 대우를 받는다거나, 속게 되어 화가 차서 병에 걸린 사람들은 대체로, 자기에게 그러한 해를 입힌 사람에 대한 증오와 원한이 마음속에 가득 차 있게 마련이라고 지적하고 있다. 바로 이러한 것들이 그들의 잠재의식에 염증이나 궤양을 일으킨다.

이에 대한 치료법은 하나뿐이다. 그러한 상처를 과감히 도려내는 것이다. 그러기 위해선 용서하는 길밖엔 없다.

✣ 용서한다는 것은 사랑의 실천이다 ✣

용서하는 기술에 있어서 가장 중요한 것은 '기꺼이 용서할 수 있어야 한다'는 것이다. 만일 증오와 원한이 잠재되어 당신의 마음속에 모멸적인 상처를 준 상대를 용서할 생각이 있다면, 당신은 어려운 과정의 반은 넘긴 셈이다.

상대를 용서한다는 것은, 그 사람과 교제하고 싶다거나 하는 의미가 아니다. 당신은 누군가를 좋아해야 한다고 그 누구로부터 강요당할 수 없으며, 정부도 신의나 사랑·평화, 그리고 관용 등을 법률로써 절대 규제할 수는 없다.

또 정부의 누군가가 그런 법령을 내렸다고 해서 그것이 이행될 리도 만무하다. 우리는 반드시 남을 좋아해야 한다는 전제 없이 남을 사랑할 수 있다.

성경에서 '너희는 서로 사랑하라.'고 가르치고 있지만, 이는 어느 누구나 가능한 일이다. 여기서 '사랑한다'는 것은 상대의 건강이나 행복, 평화와 기쁨 등을 위해 기도해 준다는 것이다. 이때 하나의 전제는 '참된 기도를 해야 한다'는 사실이다.

당신은 남을 용서할 때 마음이 넓어져 있는 것이 아니며, 보다 이기적이라고 할 수 있다. 남을 위해서 기도한다는 그 자체가 따지고 보면 자기 자신을 위해 기도하는 것이기 때문이다. 왜냐하면 당신이 그 사람을 위해 기도할 때, 당신 자신이 그 기도 내용과 같아지기를 생각하며 느끼고 있기 때문이다.

당신이 생각하고 느끼는 것, 그것이 바로 당신이다.

ℰↃ ⳮℭ
❧용서의 기술❧

일단 실행하면 당신의 인생에 기적을 일으킬 수 있는 간단한 방법을 소개한다.

우선 모든 잡념을 버리고 마음을 편안히 하여 긴장을 풀도록 하라. 그리고 신을 생각하고, 당신에 대한 신의 사랑을 생각하며, 다음과 같은 것을 긍정하도록 하라.

"나는 ○○○를 전혀 후회 없이 용서한다. 난 정신적으로 그를 해방시킨다. 나는 그 문제에 있어서 완전히 그를 용서한다. 따라서 나는 자유로우며 그 역시 자유롭다. 지금 나의 기분은 황홀하다. 오늘은 나의 대사면일大赦 免日이다.

나는 지금까지 나에게 상처를 준 모든 사람을 해방시켜 준다. 그리고 그들 모두에게 건강과 평화, 그리고 행복이 가득하기를 기원한다. 나는 이 일을 기꺼이 애정으로써 실현한다. 그리고 나에게 상처를 주었던 사람들이 생각 나면 나는 그들에게 '나는 당신을 용서해 주었다. 당신에게 하느님의 은혜가 충만하길 빈다.' 하고 말할 것이다. 난 자유로우며, 당신 또한 자유롭다. 이 얼마나 즐거운 일인가!"

여기서 중요한 것은, 일단 당신이 그렇게 상대방을 용서했으면 또다시 용서의 기도를 되풀이할 필요가 없다는 것이다. 이것이야말로 참다운 용서의 비결이다. 그러한 기도를 또다시 할 경우, 이전의 용서는 완전한 용서가 아니었다는 뜻이 되기 때문이다.

그런데도 만일 당신에게 죄를 범했던 그 사람의 얼굴이 또다시 머릿속에 떠오른다거나 옛날에 받았던 상처가 생각나거든, 그 사람의 행복을 기원하고 이렇게 말하라.

"그대에게 평화가 있기를!"

그가 생각날 때마다 이 말을 되풀이하라. 그러면 며칠 지나지 않아서 그에 대한 기억이 희미해지고, 끝내는 머릿속에서 자취를 감추게 될 것이다.

❦용서하는 마음에 있어서의 산성酸性 실험❧

금金에 대한 산성 실험이 있듯이, 용서하는 마음에 대하여도 산성 실험이 있다. 당신에게 나쁜 일을 하였거나, 당신을 속였던 사람이 뭣인가 멋진 일을 해내거나, 행운을 잡은 것을 보고 당신이 분노와 질투를 느낀다면 그것은 참된 용서가 아니다. 그것은 아직도 당신의 잠재의식 속에 그를 증오하는 마음이 남아 있다는 뜻이 된다.

지금부터 1년 전쯤에 당신의 턱 밑에 종기가 생겨 당신이 이를 나에게 호소했다고 하자. 그런데 지금 내가 별다른 생각 없이 당신에게 '아직도 아픕니까? 하고 묻는다면, 당신은 어떻게 대답할까? 상처가 다 나았으니 아마 자동적으로 이렇게 대답할 것이다.

"아닙니다. 이제는 아프지 않습니다. 머릿속에 그 기억만 남아 있을 뿐입니다."

이로써 이야기는 끝난 것이다. 아직도 그 사건은 기억하고 있지만, 그때의 아픔은 이미 사라졌기 때문이다.

이것이 바로 산성 실험이다. 그리고 당신은 이와 같은 산성 실험에 심리학적으로 합격하여야 한다. 만일 합격하지 못한다면, 당신은 자기 자신을 기만하는 것이 되며, 당신의 잠재의식 속에 남아있는 사건을 참된 용서의 기술을 모르고 있는 것이 된다.

마음속으로 창조의 법칙을 이해하게 되면, 자기 생애의 성공이나 실패 등에 대하여 다른 사람들이나 환경 탓으로 돌리지 않게 되고, 자기의 운명을 창조하는 것은 자기 자신이 생각하는 바와 느끼는 것임을 알게 되며, 또한 외적인 것은 자기의 생애나 체험의 원인이 아닐 뿐만 아니라 그 조건이 될 수 없다는 것도 알게 된다.

남이 자기의 행복을 망치게 했다든가, 자기는 마치 잔혹한 운명의 축구공 같은 존재라고 생각한다든가, 살아 가기 위해선 다른 사람과의 경쟁에서 반드시 이겨야 한다는 등의 생각이 절대 옳지 않는 것을 이해한다면 통용될 수가 없게 된다.

성경의 잠언 제23장 7절에도 이를 뒷받침하는 가르침이 있다.

"대저 그 마음의 생각이 어떠하면 그 위인도 그러한즉⋯⋯."

① 하느님, 즉 대생명大生命은 편견을 가지지 않으며, 개인적인 차별을 하지 않으며, 당신이 자기 자신을 조화와 건강과 기쁨과 평화의 원칙에 일치시킬 때 당신을 돕는다.

② 하느님, 즉 대생명은 우리에게 병이나 고난·사고 등을 보내는 일이 없다. 우리 자신의 부정적이고 파괴적인 사고가 이러한 것들을 스스로 초래할 뿐이다. 이것은 '땅에 뿌려지지 않은 씨앗에서는 새싹이 나지 않는다.'는 원칙에 기인한 것이다.

③ 하느님에 대한 당신의 사고방식은 당신의 인생에 있어서 보다 중요한 것이 된다. 만일 당신이 사랑의 하느님에 대한 참된 믿음이 있다면, 당신의 잠재의식은 그에 답하여 무수한 은혜를 당신에게 미치게 할 것이다. 사랑의 하느님을 믿으라.

④ 대생명, 즉 하느님은 당신에 대해 결코 유한有憾을 품지 않으며, 결코 당신을 비난하지도 않으며, 당신이 손에 입은 화상火傷을 낫게 해 준다. 그리고 당신이 잘못하여 손에 화상을 입어도 대생명은 그런 당신을 용서해 준다. 물집을 아물게 하고 완전한 건강을 되찾게 해 준다.

⑤ 죄의식으로 인한 당신의 열등감은 하느님, 또는 대생명에 대한 그릇된 사고에서 비롯된다. 하느님, 즉 대생명은 당신을 벌하지도, 제재하지도 않는다. 당신의 그릇된 신앙과 부정적인 사고, 그리고 자기 단죄 등에 의하여 스스로가 자기 자신을 벌하고 제재하는 것이다.

⑥ 하느님, 즉 대생명은 당신을 단죄하거나 벌하지 않는다. 자연의 힘은 결코 약한 것이 아니다. 이를 이용하였을 경우에 오는 영향은 당신에게 내재하는 힘의 사용 방법에 따라 결정된다. 전기電氣는 사람을 죽이는 데도, 집안을 밝히는 데도 사용된다. 그리고 물은 어린이들을 빠뜨리기도 하고, 그 어린이들의 갈증을 풀어 주기도 한다. 이처럼 선善이나 악惡은 사람의 마음속에서 일고 있는 사고나 목적에 의하여 결정되는 것이다.

⑦ 하느님, 즉 대생명은 아무에게도 벌을 내릴 줄 모른다. 그런데 사람이 하느님, 즉 대생명·대우주에 관하여 그릇된 인식을 지님으로써 자기 스스로 자기를 벌하고 있는 것이다. 사람의 생각 속에는 창조의 힘이 있다. 이 생각으로써 사람은 자기 자신의 비운을 스스로 만들고 있는 것이다.

⑧ 남이 당신을 비판할 때, 그 비판 내용이 정확한 것이라면 기꺼이 감사하고 이를 받아들여라. 이는 결점을 바로잡을 수 있는 기회를 당신에게 부여하는 것이기 때문이다.

⑨ 자기의 생각이나 반응, 또는 감정의 주인이 바로 자기 자신이라는 사실만 알고 있다면, 남한테 비판받았다고 하여 마음의 상처를 입지는 않는다. 이는 당신에게 남을 위하여 기도할 수 있는 기회와 축복할 수 있는 기회를 주는 것이기도 하지만, 또한 당신 자신을 축복하는 것이기도 하다.

⑩ 자신이 남한테 비판을 받아 교훈을 얻게 되었다면, 거기서 일어난 모든 것을 받아들이도록 하라. 그것은 좋은 일이므로 좋은 일이라는 것을 깨달아야 한다. 그러면 자기 연민이나 비난 또는 증오를 불러일으키는 원인은 사라지게 된다.

⑪ 좋고 나쁜 것 등의 구별은 있을 수 없으며, 또한 존재하지도 않는다. 그것은 오직 생각하기에 따라 그렇게 될 뿐이다. 섹스나 식욕, 또는 부나 자기 발휘 등에는 좋고 나쁜 것이 있을 수 없다. 오직 당신이 이러한 충동이나 욕구·야심 등을 어떻게 사용하느냐에 따라 결정될 뿐이다. 빵 한 조각을 얻기 위해 살인을 하지 않더라도 당신의 식욕은 충족된다.

⑫ 분노나 증오, 악의나 적의 등과 같은 것은 많은 질병의 원인이 된다. 당신에게 상처를 입힌 모든 사람들에게 사랑과 생명·기쁨, 그리고 신의를 당신의 마음속 깊이 주입시킴으로써 당신 자신이나 다른 모든 사람들을 용서하라. 그래도 그들의 얼굴이 또다시 마음속에 떠오르게 되면, 마음의 평화가 흔들리지 않을 때까지 이를 계속하라.

⑬ 용서라는 말속에는 기구구신棄舊求新·낡은 것 대신 새것을 준다는 뜻이라는 뜻이 담겨 있다. 마음속에 아픔이 가실 때까지 당신이 용서를 베풀고자 하는 사람에게 사랑과 평화, 기쁨과 지혜 등 인생의 모든 축복을 부여하라. 이거야말로 참된 산성 실험이다.

제5장
염려와 두려움을 제거하는 방법

Joseph Murphy's nomology of good success

나의 제자 가운데 한 사람이 어떤 만찬회에서 연설을 해 달라는 부탁을 받았다. 1,000명도 넘는 사람들 앞에서 연설할 것을 생각하니 그는 무엇보다도 두려움이 앞섰다. 결국 그는 어떻게 하였을까?

그가 공포감을 이겨낸 방법을 여기에 소개한다.

연설 부탁을 받고 나서 그는 며칠 동안 밤마다 약 5분간 안락의자에 앉아 천천히, 그리고 조용히 적극적인 자세로 자기 자신에게 다음과 같은 말을 되풀이하였다.

"나는 지금 대인 공포증을 극복하고자 한다. 지금 나는 대인 공포증을 정복하고 있다. 나는 침착하며 자신 있게 연설한다. 나는 지금 편안하며 안정되어 있다."

그는 이렇게 마음의 법칙을 이용하여 자신의 공포를 극복했다.

잠재의식은 암시를 받기 쉽고, 암시에 의해 지배된다. 마음을 조용히 그리고 안전하고 편하게 가지게 되면, 당신의 '의식하는 마음'이, 다공성多孔性

물질을 조성하는 분자와 분자 사이에 틈이 있는 성질의 막膜에 의하여 분리된 액체가 혼합되는 경우의 침투 작용과 같은 과정을 거쳐, 잠재의식으로 침전된다.

자극적인 씨앗 즉, 사고는 잠재의식의 역내城內로 침전되고, 각기 자기 성질에 따라 생성하게 되어, 당신은 점차 침착하고 부드러우며, 조용한 인물이 되어 가는 것이다.

ఠ⁖ఠ
᪣인류 최대의 적᪣

흔히들 공포는 인류 최대의 적이라고 말한다. 실패나 질병, 또는 서투른 인간관계 등의 배후에는 반드시 공포가 숨어 있다. 과거를 두려워하고 늙기를 두려워하며, 광기狂氣를 무서워하고 죽음을 두려워하는 사람이 이 세상에는 무수히 많다.

공포는 당신의 마음속에 있는 사고이다. 따라서 당신이 공포감을 갖는다는 것은 당신 자신의 사고를 두려워하는 것이다.

어둠 속에서 어린아이들에게 이렇게 말해 보라.

"이 침대 밑에 귀신이 있는데, 그 귀신이 너를 잡아가려 한다."

그러면 어린아이는 무서움에 질려서 몸을 꼼짝달싹도 할 수 없게 된다.

그러나 방 안의 불을 환하게 밝혀 주면서, 이 세상에 귀신은 없다고 말해 주면, 그 어린이는 금세 공포로부터 해방된다.

이 어린이의 마음속에 자리 잡았던 공포는 실제로 그곳에 귀신이 있는 것과 같은 현실적인 것이다. 그런데 '귀신은 이 세상에 없다'는 말을 듣는 순간, 이 어린이는 자기 마음속에 지녔던 그릇된 사고로부터 해방될 수 있었다. 사실, 이 어린이가 두려워했던 존재는 실재하지 않았던 것이다.

이와 마찬가지로, 당신이 지금 두려워하고 있는 그 대부분도 현실적으로 존재하지 않는 것들이다. 그것은 단지 우울한 그림자들의 집합체일 뿐이다. 그림자란 결코 현실적인 것이 아니다.

80 ○3
✎두려워하는 일을 실행하라✎

철학자이자 시인인 에머슨은 다음과 같이 말하였다.

"당신이 가장 두려워하는 일을 적극적으로 실행하라. 그러면 결국 두려움이 사라질 것이다."

지금 이 글을 쓰고 있는 나 역시 많은 청중 앞에 서면 말로 표현할 수 없는 공포감이 엄습했던 시절이 있었다. 내가 그러한 공포심을 극복한 방법은, 청중 앞에 설 때, 내가 무척 두려워하고 있는 일을 실행하는 것이었다. 그러면 에머슨이 말한 대로, 내가 두려워했던 그 존재가 사라질 것이다.

당신이 자신의 공포심을 극복하려 한다는 사실을 적극적으로 수긍하고, 당신의 의식하는 마음속에서 하나의 확실한 결단을 내릴 수 있게 된다면, 당신은 잠재의식의 힘을 방면해 주는 것이 되며, 그것은 당신이 생각하는 바에 따라 흘러들게 된다.

물속에서 수영을 하거나, 높은 산에 오르거나, 또는 엘리베이터를 타는 것 등을 두려워하는 사람들이 많다. 물을 무서워하는 사람은 그 나름대로 이유가 있다. 어렸을 때 누군가가 자기를 억지로 물속에 처넣어 허우적거린 경험 등이 있으면 그러한 공포증을 가질 수 있다. 또한 엘리베이터를 무서워하는 사람들은 대개가, 고장 난 엘리베이터에서 위기를 느꼈던 사람들이다. 그것이 또 폐소공포증을 야기한다.

나도 열 살 때 그와 비슷한 경험을 한 적이 있다. 잘못하다가 연못에 빠져, 세 번씩이나 물속에 가라앉았다가 솟구친 경험이 있다. 나는 지금도 연못 속에 빠져 사경을 헤매며 허우적거리던 일, 죽음 직전에서 간신히 구출되었던 그때의 일 등을 잊을 수가 없다.

이와 같은 경험이 나의 잠재의식에 침전되어, 그 후 얼마간 물에 대한 공포증에서 헤어나지를 못하였다. 나보다 연배인 어느 심리학자가 나에게 이런 말을 해 준 적이 있다.

"풀장에 가서 물을 바라보며 이렇게 큰 소리로 말해 보라. '나는 너를 정복하고야 말 테다. 나는 너를 지배할 수가 있다.' 그런 뒤에 수영을 배우고 물을 정복하라."

나는 그가 시키는 대로 풀장에서 수영을 배웠고, 마침내 물을 정복할 수 있었다.

물을 정복하는 것은 좋지만, 물에 의하여 정복되어서는 안 된다. 내가 새로운 정신적 태도를 취하면, 잠재의식이 가지는 만능의 힘이 그에 답하여 나에게 힘과 신념과 자신감을 준다. 이러한 방법으로 나는 공수증으로부터 벗어날 수 있었다.

∽어떤 공포든 극복할 수 있다∾

강연 때마다 내가 가르치곤 하는 '공포 극복법'을 소개하겠다. 그것은 마술과도 같은 힘이 있다. 한 번씩 이용해 보라.

당신이 물이나 산, 인터뷰나 오디션, 그리고 폐실 등에 대한 공포증을 가지고 있다고 가정하자.

만일 당신이 수영에 대한 공포를 느끼고 있다면, 하루에 서너 번씩 5~10분 동안 조용히 앉아서 자기가 물속에서 수영하고 있는 장면을 상상해 보라. 그러니까 마음속에서 당신은 실제로 수영장에서 수영하고 있는 것과 같은 것이다.

그것은 주관적인 체험이다. 마음속에서 당신은 자기 자신을 물속에 던지고 있는 것이다. 차가운 물을 감각으로 느끼고, 팔과 다리의 움직임을 느껴야 한다. 그것은 모두 현실적이고, 선명하고, 즐거운 활동이다. 그것은 백일몽이 아니다. 왜냐하면 당신 자신이 상상의 세계를 통해 체험하고 있는 것은 곧 당신의 잠재의식 속에서 현상되기 때문이다. 따라서 당신은 강제로라도 당신이 마음의 심층에서 찍어 놓은 화상畵像을 표출하지 않을 수 없게 된다.

이것이 곧 잠재의식의 법칙이다.

산이나 높은 곳에 대한 공포증이 있을 때에도 역시 같은 방법을 이용할 수 있다. 자기가 산에 올라 있는 장면을 상상하고, 현실성을 느끼고, 아름다운 풍경을 즐기도록 하라. 그러면 아무리 심한 고소 공포증이라 하더라도 자취를 감추게 된다.

❧ 엘리베이터를 찬양한 남자 ❧

엘리베이터 공포증을 지닌 어느 대기업의 중역이 있었다. 그는 매일 아침, 5층에 있는 사무실까지 엘리베이터를 타지 않고 계단을 통해서 오르내렸다.

그가 어느 날 나에게 이렇게 말했다.

"나는 밤낮으로 몇 번씩 엘리베이터를 찬양하기 시작했다."

그렇게 해서 그는 마침내 엘리베이터 공포증을 극복할 수 있었다고 한다.

그럼 그가 어떻게 엘리베이터를 찬양했는지 그 내용을 알아보자.

"우리 회사 건물에 설치된 엘리베이터는 정말이지 편리하고 멋진 아이디어다. 그것은 나에게 편안하고 멋진 서비스를 해 주지. 그것은 하느님의 질서에 따라 운행된다. 나는 편안한 기분으로 기꺼이 이 엘리베이터를 탄다. 나는 지금 조용히 침묵하고 있지만, 그동안에 생명과 사랑과 이해가 나의 사고를 통해 흐르고 있다. 나는 지금 엘리베이터 안에 있고, 거기서 내려서 회사로 간다. 엘리베이터 안에는 우리 회사의 직원들로 꽉 차 있다. 나는 그들에게 말을 건다. 나는 마음 속 깊이 우리 회사의 엘리베이터에게 감사하고 있다."

그는 이와 같은 기도를 10일 동안 계속했다. 그리고 11일째 되던 날, 그는 다른 직원들과 함께 엘리베이터를 탔다. 공포심은커녕 오히려 마음이 즐겁고 자유로웠다.

❧ 이상적異常的인 공포 ❧

이상적인 공포심은 상상력을 방치하여 멋대로 작용케 함으로써 비롯된다. 내가 아는 어떤 부인이 비행기로 세계 일주 여행에 초대받은 적이 있었다. 그 후로 그녀는 각종 비행기 사고에 관한 신문 기사를 스크랩하기 시작했다. 그러고는 바다에 추락하여 허우적거리는 장면을 상상하였다.

이것은 바로 이상적인 공포이다. 그녀가 이러한 일을 계속했다면, 그녀는 의심할 것도 없이 자기가 가장 두려워하던 일을 자기 곁으로 끌어들였을 것이다.

또 하나의 예는, 뉴욕에서 크게 성공했던 어느 실업가의 경우이다. 그는 영화감독이 되어 있는 자신의 모습을 언제나 마음속으로 상상하였다. 그는 실패와 파산으로 빈털터리가 되어 버린 책상, 은행 잔액이 단 1달러도 없는 예금 통장 등을 마음의 영화로써 방영하고, 끝내 의기소침한 나머지 실의에 빠져 버렸다.

그는 그와 같은 병적인 상상을 중단하지 못하였고, 부인에게도 다음과

285

같은 부정적인 말들만 되풀이했다.

"늘 이런 상태가 계속될 거야."

"반드시 불경기가 올 거야."

"우리는 반드시 파산할 거야."

그의 부인의 말에 의하면, 그는 끝내 파산하였고, 그가 상상하고 두려워했던 일들이 전부 현실로 나타났다. 실제로 그가 두려워해야 할 일은 전혀 없었음에도 불구하고 그는 늘 경제적인 파국을 두려워하였고, 그러한 결과를 믿고 예기함으로써 이를 자초했던 것이다.

성경에서 욥은 이렇게 말하고 있다.

"내가 두려워했던 모든 일이 내 앞에 나타났다."

자기 아이들에게 어떤 무서운 일이 일어나지나 않을까? 또는, 자기 자신에게 어떤 무서운 파국이 닥쳐 오지나 않을까? 하여 늘 두려워하는 사람들이 있다. 전염병이나 원인 모를 기이한 병이 나타났다는 신문 기사를 보면, 자기도 곧 병에 걸리게 될 것이라고 근심한다든가, 또는 이미 그 병에 걸려 있다고 상상해 버리는 사람도 있다. 이런 것들이 모두 이상적인 공포이다.

❧이상 공포에 대한 해답❧

마음속에 공포가 느껴질 때는 그 반대 방향으로 나가도록 하라. 극심한 공포 상태에 그대로 머물러 있게 되면, 모든 면에 있어서 침체할 뿐만 아니라, 정신적이나 육체적으로 퇴화를 초래하는 결과가 된다.

마음속에 공포가 일면 그 공포심과 함께 자연히 그것과 정반대되는 욕구를 느끼게 된다. 이때, 주저하지 말고 그 반대되는 욕구에 당신의 주의를 돌리도록 하라. 그 욕구에 몰두하면서, '주관은 언제나 객관을 쓰러뜨린다.'는 것을 확신하라. 그러면 당신은 자신감을 갖게 되고, 당신의 정신을 보다 높은 것으로 승화시킬 수 있다.

당신의 잠재의식에 내재된 무한한 힘은 당신을 위하여 작용하고 있다. 그 것은 결코 실수하는 일이 없다. 따라서 모든 평화와 자신감이 곧 당신의 것이 된다.

공포가 찾아오면 그 공포에 대적하라

어느 대회사 사장이 나에게 이런 말을 한 적이 있었다.

"세일즈맨 시절에 나는 고객들을 찾아다닐 용기가 없었지요. 그래서 늘 목표를 잃고 서성거리기 일쑤였습니다. 그러던 차에 하루는 매니저가 나에게, '문 뒤에 있는 도깨비를 두려워하지 마시오. 도깨비란 이 세상에 있을 수 없습니다. 그것은 단지 미신일 뿐입니다.' 라고 말해 주는 것이었습니다."

또한 그 매니저는 그에게 이런 말도 해 주었다고 한다.

"당신이 공포의 대상을 만나면 눈을 부릅뜨고 그것을 바라보시오. 그러면 공포가 자취를 감추고 평화를 얻을 수 있습니다."

그는 이러한 매니저의 충고를 받아들여 마침내 오늘과 같은 영광을 누릴 수 있게 되었다고 말했다.

❀❀

❧정글을 탈출한 사나이❧

어느 종군 목사가 자신이 제2차 세계대전 때 경험했던 이야기를 들려주었다.

그가 타고 있던 비행기가 고장을 일으켜 그는 낙하산을 타고 어느 정글 지대로 뛰어내려야 할 운명에 처해 있었다.

그는 당시의 상황을 이렇게 회고했다.

"나는 무서웠습니다. 공포에 사로잡힌 것이지요."

그러나 그는, 공포에는 정상적인 공포와 이상적인 공포가 있다는 것을 알고 있었다.

그는 이와 같은 공포를 극복하기 위해 스스로 다음과 같이 말하였다.

"존, 너는 자기의 공포에 굴복할 사람이 아니다. 지금 네가 느끼고 있는 공포는 안전하게 탈출할 수 있는 방법에 대한 너의 욕구일 뿐이다."

그는 이어서 다음과 같은 기도를 되풀이하였다.

"천체天體의 운행을 다스리고 계신 무한한 지성이 지금 나로 하여금 이 정글 지대에서 벗어날 수 있는 길을 가르쳐 주신다."

그는 10분 이상이나 이와 같은 기도를 큰소리로 외쳤다.

"그러자 마음속에서 무엇인가가 움직이기 시작하였습니다. 신뢰의 기분이 나를 사로잡았지요. 그리고 나는 걷기 시작하였습니다. 그로부터 며칠 후에 나는 기적적으로 정글에서 탈출할 수 있었습니다. 구조 비행기가 나타나 나를 구출해 준 것입니다."

그는 자신의 마음을 바꿈으로써 도움을 얻었던 것이다. 자기에게 내재하는 주관적 지혜와 힘에 대한 그 자신의 신념과 신뢰가 문제에 대한 해결이 된 것이다.

그는 이렇게 말했다.

"만일 그때 내가 나의 운명을 한탄하며 눈물로 시간을 보냈다면, 나는 공포라는 괴물에 휩싸여 아마도 공포와 굶주림으로 죽음을 면치 못했을 것입니다."

❧ 자기 자신을 파면시킨 남자 ❧

다음은 어느 회사의 총지배인이 들려준 이야기이다.

그는 지난 3년 동안, 자기가 그 자리에서 물러나게 되나 않을까 하며 근심해 왔다. 그는 항상 자기의 실패를 상상하였고, 언젠가는 그 자리에서 물러나게 되리라고 마음속으로 항상 상상해 왔다.

그러나 사실상 그가 상상하는 모든 일은 실체하지 않았으며, 그것은 단지 자기 자신의 병적인 염려와 두려움일 따름이었다.

그의 생생한 상상력은 자기가 직장을 잃게 되는 장면을 극적劇的으로 그려 냈고, 그 일로 인해 그는 신경질적인 상태에 빠지게 되었으며, 노이로제에 걸리게 되었다.

마침내 그는 자신의 상상대로 회사 측으로부터 퇴직을 강요당하게 되었다. 결과적으로, 그는 자기 스스로 자기의 자리를 잃게 되었던 것이다. 그는 자기의 잠재의식에 대하여 계속 부정적인 상상과 공포에 대한 암시를 줌으로써 잠재의식이 이에 응답하여 반응을 나타냈던 것이다. 따라서 그는 하는 일마다 계속해서 실수를 저지르게 되었고, 현명하지 못한 결정을 내리는 일이 많았으며, 그로 인해 그는 총지배인의 자리에서 물러나게 되었던 것이다.

80 03
∾마음속의 평화를 찾아서∾

최근 세계 여행을 하던 중에 나는 어느 나라의 정부 고위층과 두 시간 정도 대화를 나눈 적이 있다. 그는 평화와 평정을 마음속에 지니고 있었다.

그는 나에게 이런 말을 했다.

"내가 하는 일에 대해 신문이나 반대 정당에서는 시시비비 많은 잡음을 일으키지만, 나는 결코 그 같은 비판에 흔들리지 않습니다."

그는 매일 아침 일찍 일어나 약 15분 정도 혼자만의 시간을 가지고, 깊고 조용한 평화의 대양大洋이 자기에게 내재되어 있다는 것을 실감하곤 했다. 이와 같이 묵상함으로써 그는 여러 가지 어려운 일이나 공포를 극복할 수 있는 힘을 찾았던 것이다. 얼마 전에 그의 동료 가운데 한 사람으로부터 한밤중에 전화가 걸려 왔다.

"한 반대파가 음모를 꾸미고 있습니다."

동료의 말을 듣고 나서 그는 이렇게 대답했다.

"나는 지금 평화롭게 잠을 자고 있는 중입니다. 내일 아침 10시에 만나 그 문제를 다시 토론하도록 합시다."

그는 나에게 다음과 같이 말했다.

"내가 부정적인 생각을 정서화하고 이를 마음속에 받아들이지 않는 한, 그것은 절대로 현실화되지 못한다고 믿습니다. 나는 다른 사람들로부터 오는 공포에 대한 암시를 받아들이지 않지요. 따라서 나에게는 절대로 해가 미칠 수 없어요."

그의 마음 자세를 주목하라. 그는 흥분하여 양손으로 머리칼을 쥐어뜯거나 목을 조이는 일이 없었다. 자기 마음속에 내재하는 평화를 발견하고, 언제나 그 평화로움이 마음속을 자유로이 흐르게 하였던 것이다.

❧이혼할 것인가?❧

근심을 잊기 위하여 다음과 같은 완벽한 방식을 이용하라.

"내가 여호와께 간구하매 내게 응답하시고 내 모든 두려움에서 나를 건지셨도다." 시편 제34편 4절

여기서 '여호와'란 말은 '법칙'을 말하며, 이 법칙은 바로 당신의 잠재의식을 가리킨다.

당신의 잠재의식의 기적과 작용과 기능을 배우라. 여기서 이야기한 기술을 습득하라. 그리고 그것을 지금 곧 실행하라. 그러면 당신의 잠재의식이 반응을 일으켜 당신의 모든 공포로부터 자유로워질 것이다.

∽공포로부터 벗어나는 길∽

① 당신이 두려워하는 일을 과감하게 실행하라. 그러면 공포는 사라지게 된다.

"나는 이 공포를 극복하려고 한다."

스스로에게 이렇게 타이르고 그렇게 하려고 노력하라. 그러면 반드시 공포감으로부터 해방될 수 있다.

② 공포란, 당신의 마음속에 있는 부정적인 생각 바로 그것이다. 이를 당신의 마음속에서 몰아내고, 긍정적이고 건설적인 생각을 받아들이라. 이 세상에는 공포로 인해 생명을 잃은 사람이 너무도 많다. 그러나 당신의 신념은 공포보다 위대하다. 이 세상에 하느님과 선(善)에 대한 신앙보다 강한 것은 존재하지 않는다.

③ 공포는 인류의 최대적이다. 실패나 질병, 또는 잘못된 인간관계의 배후에는 반드시 공포가 도사리고 있다. 사랑은 공포를 사멸시킨다. 사랑은 인생의 보다 선한 것에 대한 정서적인 애착이다. 정직하고 결백하여 정의롭게 성공할 수 있다는 자신감을 가져라. 기꺼이 최선을 기대하며 살아가라. 그러면 반드시 그 최선이 당신에게로 찾아온다.

④ "나는 아름답게 노래한다. 나는 침착하고 고요하며 평안하다."

이처럼 공포와 반대되는 암시를 함으로써 당신의 마음속에 있는 공포의 암시를 몰아내도록 하라. 그러면 신기하게도 엄청난 효과가 돌아온다.

⑤ 시험을 치를 때 찾아오는 기억상실의 배후에는 항상 공포가 도사리고 있다. 이를 극복하려면 마음속으로 이렇게 상상하며 긍정하라.

"알아야 할 모든 것에 대하여 나는 완전한 기억력을 가지고 있다."

그리고 나서 시험에 합격하여 친구들로부터 당신이 축하받는 장면을 상상하라. '하면 된다.'는 신념을 가지고 나아가라. 그러면 승리는 당신 것이 된다.

⑥ 공수증恐水症이 있으면, 당신이 물속에 들어가 헤엄치는 장면을 상상하라. 상상 속에서 자유롭고 즐겁게 헤엄을 치라. 마음속으로 자기 스스로를 물속으로 내던져라. 수영장을 건너면서 산뜻한 기분과 쾌감을 느끼도록 하라. 이러한 상상을 생생하게 하고, 그것을 자기의 것으로 하라. 그러면 마음속의 상상은 당신의 것이 되어 물에 대한 공포증을 극복할 수 있다. 이것이 바로 당신의 마음의 법칙이다.

⑦ 엘리베이터와 같은 비좁은 장소에 대한 폐소공포증이 있거든, 마음속으로 엘리베이터를 타고 그 기능을 찬양하도록 하라. 그러면 신기할 정도로 공포가 사라진다.

⑧ 당신이 태어나면서부터 지니는 공포는 두 가지뿐이다. 즉, 공중에서 뛰어내리는 '낙하 공포'와 '소리에 대한 공포'가 그것이다. 그 밖의 공포는 모두가 후천적인 것이다. 이를 일소하기 위하여 노력하라.

⑨ '정상적인 두려움'은 우리에게 유익한 것이다. 그러나 '이상적인 공포'는 파괴적이다. 늘 공포에 대한 두려움에 휩싸이게 되면, 결과는 이상적인 공포나 강박관념, 그리고 콤플렉스 등을 느끼게 된다. 어떤 것에 대해 두려워하기 시작하면, 그에 대한 공황恐慌과 공포를 느끼게 된다.

⑩ 당신의 잠재의식에 내재된 무한한 힘이 상황을 바꾸고, 당신이 마음속으로 원하고 있는 것을 실현케 할 수 있다는 것을 믿음으로써 이상적인 공포를 정복할 수가 있다. 그리고 공포와 정반대되는 소망을 향해 주의력을 돌리고 전념하도록 하라. 이것이야말로 공포를 몰아내는 좋은 방법이다.

⑪ '실패'할까 두렵거든 '성공'쪽으로 주의를 돌려라. '병'이 무섭거든 '완전한 건강'에 대해 생각하라. '사고事故'가 무섭거든 '전지전능하신 하느님의 보호와 안내'에 대해 생각하라. '죽음'이 무섭거든 '영원한 생명'에 대하여 생각하라. 하느님은 대생명大生命이며, 그것은 또한 당신의 생명이다.

⑫ 치환置換이라는 대법칙이 공포에 대한 해답이다. 당신이 두려워하는 것은, 그것이 어떤 것이든, 당신이 원하는 것의 형태로써 해결할 수가 있다. 병이 났을 때는 건강을 소원하라 공포라는 감옥에 갇혔을 때는 자유를 소원하라. 보다 좋은 것을 기대하라. 마음 속에서 보다 좋은 것에 대하여 주의력을 집중하라. 그리고 당신의 잠재의식은 언제나 당신을 위해 작용하고 있다는 것을 확신하라.

⑬ 사실상 당신이 두려워하고 있는 것은 실제로 존재하지 않으며, 마음속의 생각에 불과하다. 사고思考에는 창조력이 있다. 좋은 일을 생각하면, 그것이 곧 자기 앞에 실현된다는 사실을 기억하라.

⑭ 당신이 두려워하고 있는 것을 직시하고, 이를 이성理性의 빛에 비쳐 보라. 자기가 두려워하는 것을 비웃을 수 있는 자가 돼라. 이것이야말로 최선의 방책이다.

⑮ 당신의 마음을 혼란케 할 수 있는 것은 오직 당신의 마음밖에 없다. 다른 어떤 사람의 암시나 말, 위협 따위는 아무런 힘도 발휘하지 못한다. 그 힘은 오직 당신 속에 있다. 따라서 당신의 사고가 좋은 곳으로 집중되면, 하느님의 힘은 당신의 마음속에 있게 된다. 창조력은 오직 하나, 즉 조화로써 작용한다. 그 속에는 분쟁에 의한 분열이 있을 수 없다. 그 원천은 사랑이다. 보다 좋은 것을 생각하는 당신의 마음속에 하느님의 전능한 힘이 있다는 의미가 바로 여기에 있는 것이다.

제6장

영원한 젊음을 얻는 방법

Joseph Murphy's nomology of good success

당신의 잠재의식은 결코 늙는 법이 없다. 그것은 시간과 시대를 초월한다. 그것은 태어나지 않은 하느님의 보편적 생명의 일부이며, 절대 스러지지 않는다. 정신적인 성질이나 그 힘에 관해 피로나 노령을 예지豫知한다는 것은 결코 불가능하다. 인내·친절·진실·겸손·선의·평화·조화·형제애 등은 노후화老朽化하지 않는 속성이며 성질이다. 만일 당신이 이들 여러 가지 성질을 이 지상의 생활에서 계속 창조해 나간다면, 당신은 정신적으로 영원한 젊음을 유지할 수 있다.

나는 오하이오 주州 신시내티 시市에 있는 '더 커디 클리닉'의 우수한 의사들로서 조직된 학술 반이 다음과 같은 보고를 발표한 것을 본 일이 있다.

"나이가 들었다는 이유로 노화 현상을 보이는 것은 시간에 대한 공포일 뿐이며, 그것도 시간 그 자체가 아니라 시간이 미치는 영향에 대한 신경증적인 공포가 조로早老의 원인이 되고 있다."

나는 오랫동안의 공적公的 생활을 통하여, 평균 연령을 훨씬 웃도는 고령

295

에 이르러서도 계속해서 생산 활동을 하고 있는 유명한 남녀의 전기傳記를 연구할 기회가 있었다. 그들 가운데는 노령에 이르러서야 비로소 저명인사가 된 사람도 있었고, 동시에 저명인사라고까지는 할 수 없으나, 노령 그 자체가 인간의 정신이나 육체의 창조력을 파괴하는 것이 아니라는 사실을 입증한 많은 사람들과 접촉할 기회가 있었다. 이것은 나만이 경험할 수 있었던 특권이랄 수 있다.

❧❧

∽사고 생활에 있어서 노화해 버린 남자∽

수년 전, 나는 영국 런던에 사는 노인을 방문한 적이 있었다. 그는 이미 80을 넘겼고, 더구나 중병을 앓고 있었기 때문에 그가 나이와의 싸움에서 이겨내기는 도저히 불가능한 것 같았다. 그는 육체적으로 늙고 병들어 너무 쇠약해져 있었고, 게다가 그의 좌절감은 이루 말할 수 없었다. 그는 이미 자기는 아무짝에도 쓸모 없는 사람이며, 아무도 자기를 필요로 하는 사람이 없다면서 눈물을 흘렸다. 이제는 희망이 없다는 것이었다.

그는 자기의 인생관에 대해 다음과 같이 말했다.

"우리는 세상에 태어나서, 세월이 지남에 따라 점점 자라나고 나이를 먹게 된다. 인생이란 그 이상의 아무것도 아니다."

이와 같은 공허감과 무가치함으로 가득 찬 정신적인 태도가 그가 중병에 걸리게 된 원인이었다. 그가 기다리고 있는 것은 오직 노후老朽밖에 없었다. 따라서 그는 자기의 사고 생활에 있어서 노화해 버렸으며, 그의 잠재의식은 그가 늘 생각하는 바를 그대로 실현하였던 것이다.

∞૯ଓ
∾노령은 인생을 멋지게 살 수 있는 적기이다∾

불행하게도 이 세상에는 이 노인과 같은 생각을 하고 있는 사람이 너무나도 많다. 이런 사람들은 이른바 노령이나 종말 또는 소멸 등을 두려워하고 있지만, 사실은 생명 그 자체를 두려워하는 것이다.

그러나 생명이란 무한한 것이다. 나이가 많다는 것은 그만큼 시간을 잃었음을 뜻하는 게 아니라, 지혜의 서광이랄 수 있다.

지혜란, 당신의 잠재의식 속에 있는 무서운 정신의 힘을 깨닫고, 충실 되고 행복한 생활을 위해 이 힘을 응용하는 방법을 깨닫는 일이다. 65세라든가 75세, 또는 85세라는 많은 나이가 모든 사람들에게 있어서 마지막을 의미한다고 생각하는 것부터 추방해야 한다. 그와 같은 나이가 이제까지 경험한 일이 없는 멋지고, 풍요롭고, 활동적이고, 가장 생산적인 생활의 시초일 수도 있는 것이다.

이러한 사실을 믿고 기대하라. 그러면 당신의 잠재의식이 이를 실현시켜줄 것이다.

❦ 변화를 환영하라 ❦

사람이 나이를 먹고 늙는다는 것은 결코 비극이 아니다. 이른바 노화의 과정이란 실제로는 변화일 뿐이다. 인생의 각 국면은 각기 끝없는 길을 향한 그 제1보이므로 환영받아 마땅하다. 사람에게는 육체의 힘을 능가하는 보다 위대한 힘이 있다. 사람은 5감 이외에도 많은 감각을 가지고 있다.

인간이 의식했던 것은 순식간에 수천 마일까지 멀리 날아가서 보고 듣고, 접촉하고, 서로 이야기를 나눌 수 있게 한다. 오늘날의 과학자들이 이룩한 결과가 이를 잘 증명해 주고 있다.

인간의 생명은 정신적인 것인 동시에 영원한 것이다. 인간은 결코 나이를 먹을 필요가 없다. 왜냐하면 대생명, 즉 하느님은 나이를 먹는 일이 없기 때문이다. 성경은 하느님을 생명으로 비유하고 있다. 대생명은 항시 자기를 새롭게 하고, 영원하면서도 파괴 불가능한 것이므로, 이것이 곧 모든 인간의 현실인 것이다.

❦ 사후 생명의 증거 ❦

미국과 영국의 심령연구단체가 수집한 증거는 압도적이다. 웬만한 도서관에는 대체로 〈심령연구협회기요心靈研究協會紀要〉가 비치되어 있지만, 여기에 실린 여러 논문은 뛰어난 과학자의 사후 생명에 관한 발견에 기준하고 있다. 예컨대, 사후 생명의 설계를 확립한 과학적 실험에 대한 놀라운 보고가 미국 심령연구소 소장 히워드 캘링턴의 《심령 불멸론》에 수록되어 있다.

ഇരുഗ

ᕼ생명은 눈에 보이지 않지만 존재한다ᕼ

전기電氣의 천재 토마스 에디슨에게 한 부인이 이렇게 질문했다.

"에디슨 씨, 전기란 도대체 무엇이죠?"

그러자 에디슨이 대답했다.

"부인, 전기란 존재하는 것이니까 이용해 주십시오."

전기란, 우리가 충분히 이해할 수 없는 어떤 보이지 않는 힘에 대하여 붙인 이름이다. 그러나 우리는 전기의 원리와 그 이용법에 관하여 잘 알고 있다. 우리는 오늘날 수많은 곳에 이 전기를 이용하고 있다.

과학자들의 눈에도 전기는 보이지 않지만, 그들은 이것을 과학적인 사실로써 받아들이고 있다. 그 이유는 그것이 다른 과학적 실험의 결과와 일치하는 유일할 결론이기 때문이다.

생명 역시 우리의 눈에는 보이지 않는다. 그러나 우리는 자기가 존재한다는 사실을 알고 있다. 생명은 실재하는 것이다. 그리고 우리는 생명의 아름다움과 영광을 표현하기 위하여 이 세상에 살고 있는 것이다.

〈요한복음〉 제17장 3절에는 다음과 같은 말이 씌어 있다.

"영생永生은 곧 유일하신 참 하느님과 그의 보내신 자 예수 그리스도를 아는 것이니라."

탄생→사춘기→청년기→장년기→노령 등과 같은 인생의 순환이 우리 인생의 전부라고 믿는 사람들은 참으로 불쌍한 사람들이다. 이런 사람들은 소원하는 것도, 희망도, 비전도 없다. 따라서 인생 그 자체가 의미가 없다.

이와 같은 신념은 좌절이나 정체停滯, 또는 냉소주의·절망감 등을 초래하며, 그 결과로써 노이로제나 각종 정신적인 이상을 낳게 된다. 당신이 테니스를 잘 칠 줄 모르고, 수영을 뛰어나게 할 줄 모르고, 육체가 쇠약하여 걸음을 힘차게 걸을 수 없을지라도, 생명은 언제까지나 신선하다는 것만은 잊지 말아야 한다.

죽음이란, 대생명의 또 다른 차원에 있는 새로운 도시로 가는 여로에 불과하다.

나는 남녀 청중들에게 강연을 할 때, 이른바 노령이라고 하는 것을 자신 있게 받아들이라고 말한다. 노령은 그 독특한 광명과 아름다움과 지혜를 가지고 있다. 평화와 사랑, 기쁨과 아름다움, 그리고 행복과 지혜·선의·이해 등은 나이를 먹지 않을 뿐만 아니라 죽음을 모른다.

시인이자 철학자인 에머슨은 이렇게 말하였다.

"사람의 나이라는 것은 그가 더 이상 가르쳐 줄 것이 없어질 때까지는 자신만의 것으로 지켜져야 한다."

즉, 자기의 나이를 남들에게 공개할 필요가 없다는 뜻이다. 당신의 인격, 당신의 마음의 성질, 당신의 신념, 당신의 확신 등은 쓰러지지 않는 것이다.

☙ ❧
꧁나이란 마음 먹기에 따라 달라진다꧂

나는 3, 4년마다 한 번씩 영국 런던에 있는 캑스톤 홀Caxton Hall에서 강연회를 가진다.

어느 날 강연이 끝난 뒤, 어느 외과 의사가 이런 말을 했다.

"내 나이는 84세입니다. 그런데도 매일 아침 수술을 집도하고 있으며, 오후에는 환자를 방문하고, 밤에는 의학 잡지나 그 밖의 과학 잡지로부터 청탁받은 원고를 씁니다."

그의 태도는 자신이 믿고 있는 대로이다. 즉, 자기는 아직도 세상에 쓸모 있는 존재이며, 자기가 생각하고 있듯이 자기는 아직 젊다는 것이다.

또 그는 나에게 이렇게 말했다.

"선생님은 이런 말씀을 하셨지요. 즉, 사람은 자기가 생각하고 있는 만큼 강하며, 자기가 생각하고 있는 만큼의 가치가 있다고 말입니다. 정말로 옳은 말씀이십니다."

그는 나이와의 싸움에서 질 줄을 몰랐다. 그는 자기가 불멸의 존재라는 것을 알고 있었다.

그가 마지막으로 나에게 이렇게 말했다.

"만일 내가 내일 죽는다 할지라도 또다른 차원에 환자들을 수술하고 있을 것입니다. 물론, 그때는 외과용 메스가 아닌 정신적인 메스를 이용해서 말입니다."

❦ ❧

∾백발은 당신의 보물이다∾

일을 하다가 다음과 같이 말하는 것은 금물이다.

"아, 피로하다. 나도 이제 나이를 먹었어! 이제 모든 면에 있어서 할 수 있는 일이 없어 끝장이야."

이러한 말은 정체가 되고, 죽음이 되며, 결국 당신에게 종말이 찾아올 뿐이다. 30세의 나이에 노화 현상이 나타나는 사람이 있는가 하면, 80세가 되었는데 늙지 않는 사람이 있다. 마음은 직물사織物士인 동시에 건축사建築士이기도 하다. 또한 디자이너인 동시에 조각가인 것이다.

조지 버나드 쇼는 90세 때에도 젊은이 못지않게 활약하였다. 그의 예술가로서의 기질은 마음속에서 언제까지나 젊음 그것이었다.

"단지 나이가 40세라는 이유만으로 면접하기를 거부하는 고용주들이 있습니다."

이런 말로 나이에 대한 고민을 호소해 오는 남녀가 퍽 많다. 이와 같은 태도를 가진 고용주는 마땅히 비난을 받아야 한다. 즉, 비정하고 냉정하며, 악질적이고, 동정도 이해도 없는 사람으로서 비평을 면할 길이 없다.

그들의 관념이란 오직 나이에만 중점을 두고 있다. 그들은 고용 대상을 35세 이하로 못 박고 있는 것이다. 그들은 오로지 육체와 체력만을 중요시

할 뿐, 이보다 몇 배 중요한 재능과 인생의 체험은 외면하고 있는 것이다.

❧ 나이의 공포 ❧

당신은 다년간 황금률의 원리와 사랑과 선의의 법칙을 응용하여 왔으므로, 당신의 나이는 어떤 회사에 있어서나 훌륭한 재산이 될 수 있다. 만일 당신이 백발이라면, 그 백발은 보다 큰 지혜와 기량과 이해의 심벌이 되어야 한다. 당신의 정서적·정신적인 성숙은 어떤 기업체에나 고마운 존재가 되어야 한다.

사람은 65세가 되었다고 해서 정년 퇴직을 당해야 할 이유가 없다. 그 나이는 인사 문제 처리나 장래에 대한 계획을 작성하고, 어떤 일에 대해 결단을 내리고, 타인을 지도해야 할 때 매우 유용한 연령이다.

❧ 아직도 나는 젊다 ❧

내가 알고 있는 사람 가운데 병적일 정도로 자기는 결코 나이가 많지 않다며 발버둥을 치는 65세의 남자가 있다. 그는 매주 일요일마다 젊은이들과 함께 어울려 수영을 하고, 장거리 하이킹을 나가고, 테니스를 즐기면서 자기의 체력을 자랑하곤 한다.

'보라, 나는 아직 젊다. 젊음이 빛을 잃지 않고 있다.'

그는 다음과 같은 〈잠언〉 제23장 7절에 있는 위대한 진리를 믿고 실현하고 있는 것이다.

"대저 그 마음의 생각이 어떠하며 그 위인도 그러한즉……."

어떠한 식이요법이나 운동, 또는 스포츠도 언제까지나 육체를 젊게 할 수는 없다. 자기가 늙고 안 늙고는 사고 과정에 의해 결정된다는 것을 깨달아야 할 필요가 있다. 당신이 생각하는 모든 것이 무한하게 아름답고 고귀하며 선한 것이라고 한다면, 당신은 나이와 관계없이 늙지 않을 수 있다.

∞ ♡
ᐂ늙는 것에 대한 공포ᐂ

성경에서 요한은 이렇게 말하고 있다.

"내가 크게 두려워하던 일이 내 앞에 나타났다."

이 세상에는 자신이 늙는다는 것을 두려워한다거나 자신의 앞날에 대한 불만을 느끼는 사람들이 많은데, 그러한 생각은 나이를 먹음에 따라 지적으로나 육체적으로 늙고 있다는 것을 얘기하는 데서 비롯된다.

그러나 당신이 생각하고 느끼는 모든 것은 반드시 실현된다는 것을 알아야 한다. 당신이 늙었다고 말할 수 있는 시기는, 당신이 인생에 대한 흥미를 잃었을 때, 또는 새로운 희망과 진리 탐구의 욕구가 마음속에서 사라졌을 때 등이다.

당신의 마음속에 새로운 사상이나 흥미로 가득 차 있을 때, 그리고 당신이 창가의 커튼을 활짝 열어젖히고 인생과 우주의 새로운 진리로 채색된 햇빛과 영감을 받아들일 때, 당신은 보다 젊어지고 활력이 솟아나는 것이다.

☼

⟿당신은 무한한 것을 가지고 있다⟿

당신의 나이가 65세든 95세든, 자기에게는 남에게 줄 수 있는 무한한 것이 있다는 것을 깨닫도록 하라. 당신은 젊은 세대로 하여금 안정을 찾게 하고, 그들에게 충고와 지시를 줄 수 있다. 당신은 자기의 지식이나 경험·지혜·은혜 등을 부여할 수가 있다. 당신은 언제나 앞으로 나아가고 있는 것이다. 즉, 당신은 하루 24시간 무한한 생명을 보고 있기 때문이다.

당신은 언제까지나 자기 생명의 아름다움과 경이로움을 발전해 나갈 수 있다. 당신에게 주어진 하루 24시간을 통해 보다 새로운 것을 배우려고 계속해서 노력하라. 그러면 당신의 마음은 절대 늙지 않는다.

☼

⟿110세라는 나이⟿

수년 전 인도의 폼페이에서 강연하고 있을 때, 110세의 노인 한 분을 만난 적이 있다. 그 노인을 보는 순간, 나는 지금까지 그처럼 아름다운 얼굴을 본 적이 없다고 생각했다. 그는 내재하는 빛과 아름다움으로 성스럽게 보이기까지 하였다. 그의 눈에는 보기 드문 아름다움이 있었는데, 그것은 그가 기꺼이 나이를 먹었으며, 또한 그의 마음에 흐트러짐이 없다는 것을 의미함이었다.

❧ 은퇴는 새로운 모험의 시작 ❧

당신의 마음은 결코 은퇴를 모른다는 것을 확신하도록 하라. 당신의 마음은 낙하산과 같아서, 펼치지 않으면 무용지물이 된다. 새로운 사고에 대해 개방적이며 수용적인 자세를 취하라.

나는 65세나 70세의 나이로 은퇴하는 사람들을 수없이 보아 왔다. 그런 사람들은 대부분 은퇴와 동시에 노화 현상을 나타내었고, 죽음을 눈앞에 두고 있었다. 그들은 자기들이 인생이 끝났다고 생각하고 있었다.

그러나 은퇴는 새로운 모험, 새로운 도전, 새로운 길, 오랜 꿈을 실현하는 그 시작이 된다.

"이렇게 은퇴했으니, 내가 이젠 무엇을 해야 하나?"

이러한 말을 들었을 때처럼 우울한 적도 없다.

이것은 실제로 이런 말과 같은 의미이다.

'나는 이미 육체적으로나 정신적으로 죽어 버렸다. 나의 마음은 파산하였고, 따라서 나는 아무런 아이디어도 없다.'

이와 같은 사고방식은 모두 그릇된 것이다. 사실, 60세 때보다는 90세 때에 보다 많은 것을 이룰 수 있다. 당신은 새로운 것을 공부하고 관심을 가짐으로써 지혜에 있어서나 생명, 또는 우주에 대한 이해에 있어서 매일같이 발달을 거듭할 수 있기 때문이다.

✎정년퇴직을 하고 보다 좋은 직업을✎

65세의 나이에 회사를 정년퇴직한 이웃 사람이 있었는데, 그는 이렇게 말했다.

"나는 정년퇴직한 현 위치를 유치원에서 초등학교 1학년으로 진급한 시기에 비유합니다."

그의 철학은 아래와 같았다.

"나는 고등학교를 졸업하고 대학에 진학함으로서 한 계단 올라섰습니다. 이로써 나 자신의 교육과 인생 일반에 대한 이해가 한 걸음 진전한 것을 깨달았습니다."

이어 그는 이렇게 말했다.

"이제 나는 이전에 하고 싶었던 일을 하게 되었지요. 인생의 지혜를 한번 가름해 보는 계단에 한 발자국 올라선 것입니다."

이제 그는 생계를 위해 몸 바칠 필요가 없음을 깨달았다. 그리고 자기의 인생에 좀 더 힘을 기울이기로 마음먹었다.

그는 아마추어 사진작가로서 특별한 코스를 밟았다. 세계 일주 여행을 하며 유명한 곳들을 배경으로 영화도 만들었다. 또 여러 가지 그룹이나 모임·클럽 등에서 강연을 청탁받는 등 그야말로 인기 절정의 생활을 해나갔다.

자기 자신 이외에도 어떠한 값어치 있는 일에 관심을 가질 수 있는 방법은 수없이 많다. 새로운 창조적인 사고에 몰두하도록 하라. 정신적인 진보를 이룩하라. 계속해서 배우고 성장하도록 노력하라. 그러면 당신의 마음은 절대 늙지 않을 것이다. 새로운 진리를 갈망할수록 육체 또한 이에 반응해 주기 때문이다.

ଛ୪ ଓଽ
✎사회의 죄수가 되지 말고,
사회를 만드는 사람이 되라✐

캘리포니아주의 선거에서 갈수록 나이 많은 유전자의 수가 늘고 있다는 사실은 각 신문도 인정하는 일이다. 이는 고령자의 목소리가 입법부나 워싱턴의 연방 의회에서 채택되고 있음을 의미한다.

남자든 여자든 연령에 의해 차별 대우받는 것을 금지하는 법령이 제정되리라고 나는 믿는다. 65세의 사람이 30세의 사람보다 몸과 마음이 젊을 수도 있다.

"당신은 40세를 넘었으므로 고용할 수 없다."

이런 어리석은 고용주들의 말은 일고의 가치도 없다.

40세, 또는 그 이상의 사람들은 자기가 무엇을 해야 할 것인가에 대해 언제까지나 겸손하며, 자기의 재능을 숨기거나 묻어 버려야만 할까?

나이 때문에 직업을 구할 수 없게 된다고 하면, 정부가 적극적으로 나서서 이들을 도와주어야 한다. 그것이 조화된 사회 조건이기 때문이다.

인간이 이 세상에 존재하는 것은 노동의 열매를 얻기 위해서이다. 또한 사회의 일원이 되기 위해서이며, 결코 사회의 죄수가 되기 위해서가 아니다.

이간의 육체는 나이를 먹을수록 노쇠해지게 마련이지만, 의식하는 마음만은 잠재의식의 도움으로 말미암아 한층 더 빛나고 젊을 수 있다. 그리고 실제로 사람의 마음은 노화를 모른다.

"하느님이 나를 보호하시던 날에 지내던 것같이 되었으며, 그때는 그의 등불이 내 머리에 비추었고, 내가 그 광명을 힘입어 흑암에 행하였었느니라. 나의 강장하던 날과 같이 지내었으면 그때는 하느님의 우정이 내 장막 위에 있었으며……."

❧ 젊음을 되찾으려면 ❧

당신의 젊음을 되찾기 위해서는, 기적을 낳고, 치유하고, 자기 혁신을 할 수 있는 잠재의식의 무한한 힘이 당신의 몸 전체에 순환하고 있음을 느껴야 한다. 자기는 영감을 받고, 높여지고, 젊음을 되찾고, 넘치는 힘이 있고, 정신적으로 재충전되었다는 것을 확신하라.

당신의 머리 위에 비추는 등불이란 곧 하느님의 지성이며, 그것은 당신이 알아야 할 모든 것을 당신에게 제시해 주어 당신의 행복을 긍정해 준다. 당신의 잠재의식의 가르침에 힘입어 앞으로 나아갈 수가 있다.

❧ 비전을 가져라 ❧

"나는 나이가 들었다."고 말하지 말고, "나는 하느님의 대생명이라는 점에 있어서 현명하다"라고 말하라. 회사의 규정이나 신문 기사·통계 등에 나타나 있는 노령이라든가, 만년·노쇠·무용無用 등의 어휘를 염두에 둘 필요는 없다.

마음속으로 이를 과감하게 거절하라, 거기에 나타난 것들은 모두가 거짓이기 때문이다. 그와 같은 선전에 의하여 암시받기를 거부하도록 하라. 생명을 긍정하라. 죽음을 긍정해서는 안 된다. 당신은 행복하고, 화려하고, 성공하고, 고요하고, 강력한 인간임을 긍정함으로써 자기 자신의 비전을 갖도록 하라.

❧ 신앙인의 마음은 늙지 않는다 ❧

전前 미국 대통령이었던 후버 씨는 88세의 나이에도 활동적이었으며, 역사에 길이 남을 일을 이루었다.

나는 뉴욕에 있는 월도프 아스토리아 호텔에서 그와 인터뷰한 일이 있었는데, 그는 건강하고 얼굴에 행복이 가득 차 있었으며, 생명력과 정열이 넘쳐흐르고 있었다. 몇 명의 비서가 그를 돕고 있었는데, 그 자신은 정치나 역사에 관한 책을 읽고 있었다. 위대한 사람들이 모두 그러하듯이, 그는 친절하고 애교가 있었으며, 이해력이 풍부했다.

그의 명석한 두뇌나 총명 스러움은 나로 하여금 커다란 감명을 느끼게 하였다. 그는 독실한 기독교인이었으며, 하느님의 생명에 대한 영원한 진리야말로 최후의 승리자임을 확신하고 있었다.

그는 대불황을 맞아 엄청난 비난을 받기도 했지만, 끝내 이를 극복할 수 있었다. 그는 자기 마음속에서 하느님과 교류함으로써 '평화'를 찾을 수 있었던 것이다.

∞ ∞
✎마음먹기에 따라 99세의 나이에도
활력이 솟는다✐

나의 아버지는 65세에 프랑스어를 배웠고, 70세에 이르러 그 분야에 권위자가 되었다. 그는 60을 넘으면서 켈트 어를 배워 유명한 교사가 되었다. 그분은 나의 누이나 동생들의 도움을 받아 가면서 99세에 세상을 뜨기까지 쉼 없이 학생들을 가르쳤다.

그분은 99세 이르러서도 마음속에는 22세 때의 젊음이 남아 있었고, 필적筆跡과 추리력도 늙음을 몰랐다. 실제로 사람의 나이는 자신이 생각하기에 따라 다르다.

노령이란 하느님의 진리를 최고의 경지에서 명상함을 의미한다. 당신은 지금, 당신이 끝없는 여행길에 있으며, 생명이라는 피로할 줄 모르는 중요 단계에 이르러 있다는 사실을 깨닫도록 하라. 그러면 당신은 무한한 생명의 아들로서 영원을 찾을 수 있다.

① 인내·친절·사랑·선의·기쁨·행복·지혜·이해 등은 결코 노화老化를 모르는 속성들이다. 따라서 이를 함양하여 표현하고, 몸과 마음 모두가 젊음을 유지하도록 하라.

② 시간의 흐름에 대해 노이로제 상태에서 공포의 대상으로 느끼면, 그것이 곧 노화의 첩경이 된다는 사실을 명심하라.

③ 노령이란 세월의 흐름이 아니라, 사람의 마음속에 있는 지혜의 야광이다.

④ 당신의 인생에 있어서 가장 생산적인 나이는 65세에서 95세까지이다.

⑤ 나이 먹는 것을 환영하라. 나이를 먹는다는 것은 끝없는 인생길을 더욱 높이 올라감을 뜻하기 때문이다.

⑥ 하느님은 대생명이며, 그것이 바로 당신의 생명이다. 생명은 자기 혁신력이 있고 영원하여 절대 파괴되는 일은 없다. 그것은 모든 사람들에게 있어서 현실이다. 생명은 곧 하느님의 생명이기 때문이다.

⑦ 사후에도 생명이 있다는 증거는 압도적이다. 이는 충분한 과학적 연구에 기준으로 한 것이다.

⑧ 자기의 마음은 눈에 보이지 않지만, 자기에게 마음이 존재한다는 것은 누구나 알고 있는 사실이다. 정신은 눈에 보이지는 않지만, 현실적으로 경기 정신·예술가 정신·음악가 정신·강연자 정신 등이 존재한다는 것을 우리는 알고 있다. 이와 마찬가지로, 당신의 마음속에서 움직이고 있는 진선미의 정신도 현실적인 것이다. 당신은 생명을 볼 수는 없지만, 존재 그 자체는 시인하고 있다.

⑨ 노령이란, 최고의 입장에서 하느님의 진리를 명상하는 것이다. 노령의 기쁨이란, 젊음에 대한 기쁨보다 몇 배에 가름한다. 당신은 지금 정신적 경기에 참가한 선수이다.

⑩ 당신의 신념이나 확신은 결코 늙는 법이 없다.

⑪ 당신의 나이는 당신이 생각하기에 따라 다르다. 따라서 당신의 젊음도 당신이 생각하기에 달려 있다.

⑫ 당신의 백발은 당신의 자산資産이다. 당신은 백발을 팔고 있는 것이 아니라, 오랫동안의 경험을 통해 수확한 재능과 능력, 그리고 지혜를 팔고 있는 것이다.

⑬ 스스로 생각하는 것, 그것이 바로 그 사람의 전부이다.

⑭ 노령에 대한 공포는 곧 정신적·육체적 노화를 초래한다. 당신이 생각하는 것은 모두가 현실화된다는 사실을 명심하라.

⑮ 나이를 먹었다는 것은 인생에 대한 흥미를 잃었을 때이다. 사람은 화를 내거나 인생에 대해 짜증을 느낄 때 늙게 된다. 당신의 마음에 진리를 가득 담고 하느님 사랑의 빛을 방사하라. 이것이 바로 젊음이다.

⑯ 항상 전진하기를 잊지 말라.

⑰ 당신의 퇴직은 새로운 모험을 뜻한다. 평소 하고 싶었던 일을 지금 곧 시작하라.

⑱ 사회의 죄수가 되지 말고, 사회를 형성하는 사람이 돼라.

⑲ 젊음의 비결은 사랑과 기쁨, 내재하는 평화, 그리고 웃음이다.

⑳ 당신은 모든 분야에서 필요로 하고 있는 존재이다. 위대한 철학자·예술가·과학자·작가들 중에는 나이 80을 넘어서 자기의 뜻을 이룬 사람이 많다. 따라서 '나이가 많아서 할 수 없다.'라는 생각을 갖지 말라.

㉑ 당신은 종말을 모르는 무한한 대생명의 아들이며, 영원한 것의 아들이다. 따라서 당신은 진실로 멋지고 황홀하다.

프로이트 심리학 해설
S.프로이트 / C.G.홀

마음의 행로를 찾아 나서는 이들을 위하여, 인간과 그 심리 세계를 탐구하려는 이들을 위하여 인간 심리의 틀을 밝혀 주는 프로이트 심리학의 해설서.

인간이 인간답게 살아갈 수 있도록, 심리학에 입문할 수 있도록 인도하는 최고의 해설서.

정신 분석과 유물론
E.프롬 / R.오스본

인간의 정신을 의식·무의식의 메커니즘으로 파악하는 프로이트 사상과 철저한 일원론적 자세로 설명하는 마르크스 사상이 어떻게 영합하며, 어떻게 상반되며, 그리고 무엇을 문제로 빚는가를 사회 사상적 입장에서 논한, 우리 시대 최대의 관심사에 관한 해설서.

융 심리학 해설
C.G.홀 / J.야코비

인간의 깨어 있는 의식의 뿌리를 캐며, 아득한 무의식 속에 깊숙이 감춰 있는 세계까지 탐색하고, 그 심대한 체계를 세운 융 사상의 깊이와 요체를 밝혀주는 해설서. 무한한 세계까지 헤아리는 융 심리학의 금자탑. 그리고 인간 생활에서의 실제와 응용을 명쾌하게 설명해 주는 최고의 입문 참고서.

인간의 마음 무엇이 문제인가?(1)
K. 메닝거

현대 정신 의학의 거장 메닝거 박사가 이야기하듯 밝혀 주는 인간 심리의 미로, 그 행로의 이상(異常)과 극복의 메시지. 소외와 불 안과 갈등과 알력과 스트레스 속에서 온갖 마음의 문제를 안고 사는 이들의 자아 발견과 자기 확인 및 정신 건강을 위한 일상의 지침서.

무의식 분석
C.G. 융

프로이트의 〈정신 분석의 입문〉과 쌍벽을 이루며, 또 누구도 따를 수 없는 독보적인 폭과 깊이를 담고 있는 융의 '무의식의 심리학'에 관한 최고의 걸작. 인간의 정신세계에의 연구에 있어서 끝없는 시야를 제시하는, 그리고 미지의 무의식 세계를 개발하려는 융 심리학의 핵심 해설서.

인간의 마음 무엇이 문제인가?(2)
K. 메닝거

제1권에 이어 관능편·실용편·철학편 등이 실려 있는 메닝거 박사의 정신 의학의 명저. 필연적으로 약점과 결점을 지닐 수밖에 없는 인간의 마음에서 빚어지는 갖가지 정신적 문제들에 대처할 수 있는 메닝거식(式) 퇴치법이 수록되어 있다.

프로이트 심리학 비판
H. 마르쿠제 / E. 프롬

인간의 정신세계의 틀을 제시하는 프로이트 사상의 근거와 사회적 영향을 검토하고 검증하려는 비판서(이 책을 통하여 우리는 프로이트 심리학의 출발과 실제와 한계를 생각할 수 있다). 우리가 프로이트 심리학에 무엇을 기대하며, 무엇을 문제시해야 할 것인가를 말해 주는 명저.

정신 분석 입문
S. 프로이트

노이로제 이론에 있어서 새로운 영역을 개척함과 아울러, 거기에서 획득할 수 있는 혜안과 견해를 프로이트는 스물여덟 번의 강의에서 총망라해 다루고 있다. 인간의 외부 생활과 내부 생활과의 부조화로 인해 빚어지는 갖가지 문제점들이 경이롭게 파헤쳐지는 정신 분석의 정통 입문서.

아들러 심터학의 해설
A.아들러 / H.오글러롬

프로이트의 본능 심리학과 융의 심리학과 함께 꼭 주지되어야 하는 것이 아들러의 개인 심리학이라고 볼 때, 그 개인 심리학이 논구하여 설명하려는 개개인의 의식 세계를 또 다른 시각으로 설파해 주는 해설서. 개인의 의식 세계에 대한 간결하고도 이해하기 쉬운, 이 시대 최고의 저술.

꿈의 해석
S. 프로이트

꿈이란, 어떤 형태의 것이든 소망 충족의 수단이며, 꿈을 꾸는 사람은 그 자신이면서도 현실의 자신과는 완전히 단절되어 있다는 꿈의 '비논리적' 성질을 예리하게 갈파해 주는 꿈 해석 이론의 핵심 입문서이며, 프로이트는 자신의 명성을 전 세계에 드높인 이 시대 최고의 명저.

주역의 진리를 과학적으로 밝혀놓은 세계 최초의 책!
『주역원론』 시리즈 (전 6권)

주역원론 1: 시간과 공간
김승호 지음 | 375쪽 | 정가 15,000원

『주역원론』 1권은 초보자든 전문가든 주역을 쉽게 이해할 수 있도록 합리적 방식에 따라 주역의 기초와 개념을 설명하였다. 또한 주역에 담겨 있는 과학적 구조와 심오한 원리를 설명했다.

주역원론 2: 질서와 혼돈
김승호 지음 | 381쪽 | 정가 15,000원

『주역원론』 2권은 본격적인 주역 과학을 공부할 수 있도록 구성하였으며, 주역을 합리적이고 조직적으로 탐구하도록 하였다. 그리고 과학 또는 수학의 합리성을 통해 누구나 납득할 수 있는 논리로 설명했다.

주역원론 3: 자연의 대조직
김승호 지음 | 380쪽 | 정가 15,000원

『주역원론』 3권은 초자연의 비밀이 담겨있는 주역에 대한 기본적인 원리들로 구성되어 있는 책이다. 이 책은 주역원론이 목표로 하는 학문 그 자체인 깊고 정밀한 논리에 대한 내용으로 이루어져 있다.

주역원론 4: 신의 지혜
김승호 지음 | 380쪽 | 정가 15,000원

『주역원론』 4권은 주역을 수치화하여 수리 논리의 세계에 진입하도록 구성하였다. 또한 주역의 마구잡이식 해석에서 벗어날 수 있도록 수리를 통해 정량화하였다.

주역원론 5: 사물의 운명
김승호 지음 | 377쪽 | 정가 15,000원

『주역원론』 5권은 주역의 과학적이고도 전문적인 내용을 크게 강화하였으며, 논리의 강도를 한층 높였다. 또한 주역의 아주 중요한 부문을 택해 깊게 다루었고, 누구나 이해할 수 있게 전개하였다.

주역원론 6: 무한을 넘어서
김승호 지음 | 379쪽 | 정가 15,000원

『주역원론』 6권은 주역 이해의 폭을 더 넓히는 한편, 모든 부문에 철저히 과학화를 시도했다. 또한 중요하고 심오한 이론이 많이 집결되어 있으며, 그동안 설명해 온 모든 것이 간략하게 재조명되어 있다.